# 美洲奴隶贸易

## 起源、繁荣与终结

THE AMERICAN SLAVE-TRADE

〔美〕约翰·伦道夫·斯皮尔斯 著　邓宏春 译

中国出版集团公司
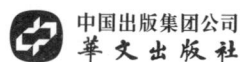
华文出版社

图书在版编目（CIP）数据

美洲奴隶贸易：起源、繁荣与终结/(美)约翰·伦道夫·斯皮尔斯著；邓宏春译. —— 北京：华文出版社，2019.4

（华文全球史）

ISBN 978-7-5075-5091-7

Ⅰ.①美… Ⅱ.①约… ②邓… Ⅲ.①奴隶贸易—研究—美洲 Ⅳ.①K703

中国版本图书馆CIP数据核字(2019)第049285号

**美洲奴隶贸易：起源、繁荣与终结**

| | |
|---|---|
| 作　　者： | [美]约翰·伦道夫·斯皮尔斯 |
| 译　　者： | 邓宏春 |
| 选题策划： | 华盛章世 |
| 插图供应： | 029—85504182 |
| 责任编辑： | 董云梅 |
| 出版发行： | 华文出版社 |
| 社　　址： | 北京市西城区广外大街305号8区2号楼 |
| 邮政编码： | 100055 |
| 网　　址： | http：//www.hwcbs.com.cn |
| 电　　话： | 总编室010—58336239<br>发行部010—58336212 |
| 经　　销： | 新华书店 |
| 印　　刷： | 三河市国英印务有限公司 |
| 开　　本： | 710×1000　1/16 |
| 印　　张： | 20.25 |
| 字　　数： | 310千字 |
| 版　　次： | 2019年4月第1版 |
| 印　　次： | 2019年4月第1次印刷 |
| 标准书号： | ISBN 978-7-5075-5091-7 |
| 定　　价： | 80.00元 |

版权所有　侵权必究

# 前　言

　　本书对美洲奴隶贸易历史的讨论，源于一项关于美国海军的研究。从某种意义上来说，美国海军与奴隶贸易存在一定关联，但因为这个话题太大，所以美国海军在奴隶海岸的所作所为只能在《美国海军史》一书中简要提及。在美国海军舰队中，既有单独行动的双桅纵帆船，也有分遣护卫舰。近四十年中，每隔一段时间这些船就会在非洲海岸巡航，对外宣称是制止奴隶贸易，却一直收效甚微，只是限制了奴隶贸易的规模。获得这一发现后，我决定对美国海军与奴隶贸易之间的关联另作讨论。我将自己收集到的信息尽可能完整地记录了下来。

　　我认为，这些事实展现了商业企业鲜为人知的历史，譬如奴隶贸易的起源。有人证实，奴隶贸易源于一位温和善良、值得铭记的牧师对一个愤怒的民族的真诚怜悯。历史上，其他贸易都不曾具有这样崇高的起源，但奴隶贸易的残忍和恐怖远远超越了以往任何一段历史。攻城掠地的士兵、逼迫乘客和水手走跳板而掉入海里的海盗，以及将反对者烧死在火刑柱上的宗教狂热分子，都比奴隶贩子仁慈很多。

　　此外，任何贸易都不曾因投资而付出如此巨大的代价。显而易见的是，奴隶贸易曾使一些热衷于此的人成为英雄，但后来，所有与之相关的人却受到了谴责。这种谴责甚至无法用文字表述。

然而，因为我已经说出事实，所以一定要提前说明并在后面继续指出，不论是屠杀原住民和中段航程中的恐怖景象，还是种植园主为了牟取暴利故意残忍虐待奴隶的行为，都未曾真正体现出奴隶贸易固有的邪恶本质。我无法表达自己所有的思想，但奴隶贸易完全可以通过善待奴隶赚取利益。当代人认为，奴隶贸易时期的许多种植园主让奴隶们感到舒适、愉悦。中段航程中遍布贩奴船。所谓的人员死亡也并不常见。然而，奴隶贸易导致了人们对此长达三百多年的恐慌，这是其邪恶本质的自然恶果。

事实远不止这些。虽然很难做到，但依然有必要从司法角度看待这段历史。我们发现，与黑人遭到的种种不幸相比，占主导地位的白人种族因奴隶贸易和奴隶制受到的谴责更严重。

这段历史可能会让美国人感到羞愧。事实上，内战之前，奴隶贩子拥有的政治权力令人震惊。从通过法律将奴隶贸易规定为海盗行为到林肯成为总统，与奴隶贸易有关的欺骗性政策成为美国永远抹不去的污点。然而，如果公正地看待所有事实，我们会发现，虽然经历了一段痛苦岁月，但我们渐渐对真正的正义心生热爱。最后，我们用慷慨的热血洗刷了自己的耻辱。随后，新的时代到来，美国同胞拿起武器为其他民族的自由战斗。只有与 19 世纪末的历史形成对照，奴隶贸易史才值得探讨。

这本书的内容几乎完全来自各种公开文件、传记、游记和其他原始资料。我要特别感谢杜·博伊斯教授，因为他关于禁止奴隶贸易的著作为我提供了非常有价值的参考文献。此外，我还要特别感谢 A.S. 克拉克先生，他关于书籍贸易的介绍帮助我完成了收集权威资料的工作。

约翰·伦道夫·斯皮尔斯

# 目　录

## 第 1 章　早期奴隶贸易 / 001

不知名的荷兰贩奴船——第一艘在美洲水域装配的贩奴船和第一艘美洲建造的贩奴船——黑人成为货物——约翰·罗尔夫——基督教传教士发现奴隶贸易中的利润——心安理得参与奴隶贸易的人——国王和贵族成为奴隶贩子——奴隶贩卖协议——美国人为自由贸易和贩奴船船员权利而战——早期奴隶贸易的规模

## 第 2 章　贩奴船长及贩奴船 / 031

戴维·林赛——戴维·林赛在巴巴多斯登陆——占星师为贩奴船准备的一张图表——北欧海盗奴隶贩子——奴隶贸易对早期美洲商业的贡献——约翰·保罗·琼斯

## 第 3 章　航行已成往事 / 043

贩奴船在奴隶海岸陷入困境——二副乘"长久"号船的不幸经历——奴隶和船员都生病了——奴隶暴动——保险商承担风险——灾难性航行

## 第 4 章　贩奴船及其装备 / 051

小型贩奴船——船载量——美国快速帆船的先驱"维纳斯"号——奴隶贸易中的汽船——捕鲸船——最受欢迎的商品——海军军官对贩奴船装备的估算

I

## 第 5 章　奴隶海岸 / 063

奴隶海岸的自然特征——土著居民的特质——为奴隶市场搜集奴隶——奴隶贸易从公平的易货市场蜕化为残暴的海上抢劫行为——白人奴隶贩子彻底堕落——卡拉巴尔的大屠杀——为奴隶付出的代价——佩德罗·布兰科和达·苏扎的奴隶禁闭处——自愿成为奴隶的黑人

## 第 6 章　中段航程 / 087

从非洲航行到奴隶市场——奴隶安放架——奴隶们被迫像"汤匙"一样躺着——贩奴船对戴镣铐的奴隶的影响——扔掉活着的奴隶,向保险商索赔——"荣耀"号上的恐怖事件——"骑士"号和"里昂"号上失明的船员——受尽折磨的奴隶的自杀行为——令人同情的婴儿之死——贩奴船"肯塔基"号对叛乱奴隶的惩罚——以美国总统名字命名的贩奴船

## 第 7 章　奴隶贩子的利润 / 105

纽波特贩奴船"桑德森"号的一次航行——"事业"号贩奴船的航行利润——"拉福图纳"号的开销和收入明细——巴尔的摩纵帆船获利十万美元——"维纳斯"号获利二十万美元——支付给船长和船员的报酬——奴隶贩运与现代客运

## 第 8 章　有关贩奴船的立法 / 117

对进口奴隶征税——英国从未将奴隶贸易强加给美洲殖民地——佐治亚殖民地的奴隶史

## 第 9 章　禁止奴隶贸易的早期活动 / 125

狂热分子们的言行——贵格会教徒——通过受洗获得自由的奴隶——解救奴隶者格兰维尔·夏普——詹姆斯·萨默塞特案件——与实际商业意义不相符的政策——《独立宣言》与黑人

## 第 10 章　宣告奴隶贸易非法 / 135

英格兰的废奴主义者——奴隶贸易被宣告为非法——奴隶贸易和美国《宪法》——妥协制度导致了美国内战——各殖民地的奴隶贸易立法——1807 年的法案

# 目 录

## 第 11 章　早期奴隶走私商 / 155

哈瓦那和佛罗里达港口之间的奴隶贩子——阿美利亚岛——巴拉塔里亚海盗——非法交易的规模——佐治亚州州长

## 第 12 章　从事奴隶贸易的海盗 / 163

禁止奴隶走私贸易的法令——詹姆斯·鲍伊和让·拉菲特——以磅为单位出售奴隶——海盗法案

## 第 13 章　禁止奴隶贸易的国际合作 / 171

英国的外交努力——西班牙同意禁止奴隶贸易——美国拒绝加入条约——美国的贩奴船立法——《阿什伯顿条约》

## 第 14 章　奴隶走私贸易 / 181

解释法律——贩奴船发起攻击——美洲劫掠船——贩奴船"拉皮多"号、"里格罗"号及霍曼斯的贩奴船"布里兰特"号——将奴隶扔入海里——谋杀情人和孩子的奴隶贩子——奴隶贸易的利润与其邪恶成正比

## 第 15 章　海军与奴隶贸易 / 189

封锁非洲海岸——海军准将马修·C.佩里的职业生涯——美国和英国海军分遣舰队——詹姆斯·布坎南政府

## 第 16 章　自由黑人殖民地和奴隶贸易 / 207

塞拉利昂殖民地——逃亡黑奴——美国自由黑人迁移协会的起源——梅苏拉多角——团结起来的利比里亚民族——虚伪的慈善家

## 第 17 章　海岸贩奴船 / 223

纽约监狱的黑人被送往新奥尔良——偷走新泽西州的奴隶——失去奴隶的贩奴船——麦迪逊·华盛顿——约书亚·R.吉丁斯——非法交易的规模

## 第18章　奴隶贸易领域的司法实践 / 233

一艘古巴贩奴船——从哈瓦那到普林西比港的途中发生的事——司法判定奴隶有权杀人

## 第19章　后期奴隶走私商 / 247

美国内战前的著名贩奴船——"漫游者"号航行到刚果——奴隶走私者的困境——试图重新开展奴隶贸易的运动——奴隶帝国之梦

## 第20章　自由的曙光 / 267

詹姆斯·布坎南政府和奴隶贸易——禁止奴隶贸易的虚伪政策——第一个被处死的贩奴船船长

## 附录 A / 279

## 附录 B / 287

## 专有名词英汉对照 / 303

# 第1章
# 早期奴隶贸易

## 精彩看点

不知名的荷兰贩奴船——第一艘在美洲水域装配的贩奴船和第一艘美洲建造的贩奴船——黑人成为货物——约翰·罗尔夫——基督教传教士发现奴隶贸易中的利润——心安理得参与奴隶贸易的人——国王和贵族成为奴隶贩子——奴隶贩卖协议——美国人为自由贸易和贩奴船船员权利而战——早期奴隶贸易的规模

1619年8月底的一天，在英格兰移民定居点詹姆斯敦，即现在的弗吉尼亚州，人们正忙着在美洲广袤的边境荒原地带建立家园。这时，一阵警报声响起，一艘船从海面上随波驶来。人群中有人震惊地喊道："不怀好意的印第安人来了！"当时，与美洲和西班牙的战争相比，看似和睦的民族之间的争斗夺去了更多人的生命。对弱小的移民定居点詹姆斯敦来说，一艘陌生船的到来是一件非常严肃的事。西班牙宣称拥有整个北美洲，威胁来到切萨皮克湾的船只，并侵占了北美洲的土地，毁坏了其他国家的移民定居点。但相较而言，陌生船带来的威胁更严重。

　　如果用现在的标准评判，这艘陌生船的外形很奇特。和当时所有船一样，它既矮又宽，船首较厚，船尾较圆。船的每一端都高耸在水面上，相当于一层"艏楼"。这一术语常被用来描述船首结构。但这艘船的船头和船尾都有像城堡一样的楼。此外，前桅、主桅和后桅上各有一面船帆，看上去就像被风吹大的袋子。与具有扁平船帆的现代轮船相比，为这样一艘船招募船员是一件很困难的事。然而，比船体和船帆更有趣的是，船两边的舷墙处还有一排有着黑色炮口的大炮。总体来看，詹姆斯敦的拓殖者对这艘船非常恐惧，但这艘船也激发了一些人的勇气。他们拿起武器来到河岸边，准备"迎接"这艘奇怪的陌生船。

詹姆斯敦拓殖点生产的场景

詹姆斯敦遗址

然而，当这艘船驶近时，詹姆斯敦的拓殖者亲眼看到的景象渐渐打消了他们的恐惧。一方面，这艘船上插的是荷兰国旗。当时，荷兰人是世界上最成功的贸易商。另一方面，显而易见，这艘船的大炮既没有人操控，也没有解缆准备开炮。船上船员的态度和行为都充分说明，此刻他们最需要的是贸易，而不是战争。发现这一点后，詹姆斯敦的拓殖者将准备好的火枪搁在了一边，友好地走上前表示欢迎。

随后，船很快靠岸，缆绳系在了附近的树上。船长走下跳板，在高大茂密的大树下与詹姆斯敦的拓殖者打招呼，并告诉他们自己带了一些商品，准备与詹姆斯敦生产的物品进行交换。

在美洲历史上，很少有船像这艘荷兰船这样有趣。哥伦布发现美洲大陆后，所有前往美洲的船中，只有"五月花"号能与这艘船媲美。不同的是，到达新英格兰的"五月花"号，船上的乘客为了寻求宗教自由来到美洲。而这艘荷兰船上的人是为了引入奴隶制来到美洲。荷兰船长带来的商品中，有二十名非洲黑人。因此，这艘船可能是第一艘到访美洲的贩奴船，到访地点是现在的美国海岸。

"五月花"号抵达美洲海岸

## 第 1 章　早期奴隶贸易

从船员角度来看，这艘荷兰贩奴船的故事并不普通，甚至是奴隶贸易史上最典型的故事之一。通过这个故事，我们知道了这艘船来自荷兰的法拉盛，也清楚了船上奴隶的具体数量。我们对这艘船的形状和船帆没有任何疑虑，对船的登陆地点也十分清楚。我们甚至可以合理地说出这艘船安全到达河岸的过程。在一份古老的记录中，记载了船上的一些奴隶的姓名，但这艘船及其船长的名字无从查找。这艘船就像海面上的一片陌生船帆，逐渐出现在地平线上。现在看来，它当时似乎遇到了一些问题。近距离经过这艘船时，我们看到甲板上有一些无法宽慰的不幸男女。随后，这艘船在薄雾中渐行渐远，直到永远消失。

约翰·罗尔夫娶了印第安少女波卡洪塔斯，成为历史上的名人之一。我们应该对他心存感激，因为通过他，我们了解了第一位到访美国海岸的奴隶贸易商。当荷兰人来到弗吉尼亚的海岸边时，约翰·罗尔夫恰好也在詹姆斯敦。他记录道："1619 年 8 月底，荷兰人带着二十名黑人，乘荷兰船来到了詹姆斯敦。"

一些文献中将这艘船称为荷兰贸易船或私掠船，而不是战舰。综合所有记载，真相可能是：这艘船装载了货物，配有武器，还拥有掠夺敌国商品的许可证。这艘船的主要业务是贸易，但同时是一艘合法的私掠船。我们无法知道它在非洲的什么地方通过何种手段获得了这些黑人。

这艘船将奴隶运到弗吉尼亚的原因十分有趣，因为其中牵涉第一艘踏上美洲的船及其从事奴隶贸易的细节。

1619 年，弗吉尼亚殖民地的统治者是"贪得无厌且胆大妄为"的塞缪尔·艾格尔上校。他不仅精明能干，精力充沛，还寡廉鲜耻，是被在城市选区活动的政客们称作沃里克伯爵的罗伯特·里奇的属下，也是一位不择手段的富商。沃里克伯爵罗伯特·里奇有一艘叫"司库"号的船。塞缪尔·艾格尔上校是"司库"号的股东之一。

1619 年，配有武器的私掠船"司库"号来到弗吉尼亚，并携有萨伏依公爵查理·伊曼纽尔一世[①]的委任状，可以在巡航时攻击西班牙人。可能是为了

---

① 查理·伊曼纽尔一世（Charles Emmanuel I，1562—1630），1580 年继承意大利萨伏依公爵爵位，统治期间野心勃勃，推行军事扩张政策。——译者注

印第安少女波卡洪塔斯皈依基督教

约翰·罗尔夫与波卡洪塔斯的婚礼

沃里克伯爵罗伯特·里奇（1587—1658）

查理·伊曼纽尔一世(1562—1630)

完成巡航任务，"司库"号向西印度群岛驶去。航海日志显示，"司库"号在西印度群岛遇到了一艘刻有荷兰字母商标的船，并将弗吉尼亚急需奴隶的消息告诉了荷兰船。

我们可以合理假设，这艘荷兰船得到消息后立即向切萨皮克湾进发。1619年9月13日，弗吉尼亚殖民地的总督秘书约翰·波利写信给达德利·卡尔顿，信中提到了"法拉盛战舰"，并指出"由于在西印度群岛偶然遭到了'司库'号的审查，'法拉盛战舰'来到了这里"。约翰·波利补充说，这艘荷兰船想购买食物，"船长解释说他的船急需食物"。

有记载称，"司库"号也将一些黑人奴隶运到了弗吉尼亚。一个叫安吉拉的女人被卖给了一个叫"班尼特先生"的人。根据约翰·卡姆登·赫腾的《移

达德利·卡尔顿（1573—1632）（右一）与家人

## 第1章　早期奴隶贸易

民及其他名单》，在1625年的弗吉尼亚殖民地的人口统计中，可以找到安吉拉的相关记录。

"司库"号本应在荷兰船之前到达弗吉尼亚。然而，因为荷兰船食物短缺，加上约翰·罗尔夫只提到了荷兰船上的奴隶，所以我们推测，荷兰船先到达了弗吉尼亚。

一些记录解释了"司库"号登陆时只带了一个奴隶的原因。1623年，弗吉尼亚委员会发布的《宣言》指出："塞缪尔·艾格尔上校是'司库'号首次航行计划的制订者。他去世后，'司库'号脱离了新船长的控制，到达了萨默群岛，然后释放了一定数量的黑人。这些黑人中的一些人原本都是船员，现在被遗弃到了沃里克伯爵罗伯特·里奇的领地上，并定居了下来。关于这件事，黑人船员早已在法庭上投诉了。"

值得注意的是，有人称荷兰船的奴隶其实都来自"司库"号，并指出所有与这件事有关的信件和弗吉尼亚的其他文件都是故意记错的，因为"司库"号在西印度群岛袭击了西班牙人，弗吉尼亚人害怕西班牙人前来寻仇。然而，如果细读现有的所有资料，就会发现这一断言并没有真实依据。

前文已经提到，"司库"号是第一艘在美洲装配的贩奴船，因此，关于它的职业生涯必须多说几句。1613年以来，"司库"号偶尔会到访美洲海岸，在英格兰和美洲各殖民地间开展贸易，但直到1619年才开始从事奴隶贸易。前往西印度群岛时，"司库"号的"船员由弗吉尼亚殖民地最有能力的人组成"[1]。但到达百慕大群岛后，船员们发现这艘船不适宜在风浪频发的海域航行。"司库"号上的武器被风浪卷走，整个船身四分五裂。此外，船上的船员也被俘虏了。这种事在海上贸易中非常多见，在后来的岁月中也经常发生。

关于美洲奴隶贸易中的第一批贩奴船，还有一个问题需要补充。这个问题与西班牙人在佛罗里达的定居点以及挪威发现新英格兰海岸有关。如果我们相信挪威航海家埃里克·瑟瓦尔德森曾在新英格兰海岸登陆，那他当时很可能将一个女奴也带上了岸。毫无疑问，西班牙人在佛罗里达定居点拥有黑人奴隶。彼得·梅嫩德斯手握西班牙国王的委任状，前往佛罗里达的定居点。

---

[1] 参见1623年的《宣言》。——原注

埃里克·瑟瓦尔德森（950—1003）航行在大西洋北部海域

1565 年 9 月 8 日，他在圣奥古斯丁登陆。毋庸置疑，与他同行的人中一定有黑人奴隶。如果有人想详细研究第一批登陆美洲的奴隶，可以在 1891 年 11 月出版的《美国历史杂志》上找到几乎所有的权威参考书。然而，当前的历史研究感兴趣的是第一艘贩奴船到达美洲的具体时间，而不是首批奴隶到达美洲的时间。可以肯定的是，北欧海盗和西班牙人都不是以奴隶贩子的身份来到美洲的。

第一艘有明确记载的美洲建造的贩奴船是"欲望"号。"欲望"号重一百二十吨，1636 年在马布尔黑德建造。"欲望"号似乎没有在非洲开展过贸易，但 1638 年 2 月 26 日的《温思罗普杂志》叙述道："七个月后，皮尔斯先生乘坐'欲望'号，从西印度群岛返回。他从普罗维登斯[①] 带回了棉花、烟草、黑人和其他物品，并从托尔图加斯带回了盐。"随后，文章后面又加了一句值得探讨的话："干鱼和烈酒是唯一可以用来交换以上物品的商品。"

---

① 美国罗德岛州的首府。——译者注

## 第 1 章　早期奴隶贸易

1630 年，一艘名为"财富"号的伦敦贩奴船来到弗吉尼亚，船长是格雷。在非洲海岸时，"财富"号遇到了一艘载有奴隶的安哥拉船，并劫持了这艘船。"财富"号将安哥拉船上的奴隶运到了弗吉尼亚，换得了八十五个装啤酒的大桶和五桶烟草，然后将大桶和烟草运到伦敦出售。

荷兰人在美洲建立殖民地后，立即引入了大批非洲奴隶。对熟悉纽约历史的人来说，这件事无需多言。起初，荷兰人按照当时流行的做法，试图奴役土著居民，但发现这种做法不但费力，而且无利可图。很快，荷兰人开始引进非洲黑奴。事实上，由于奴役当地的印第安人，荷兰人给自己制造了一些麻烦。荷兰人在曼哈顿岛南边建了一堵墙，即现在的华尔街。这样一来，热爱自由的印第安人就无法将荷兰人赶出巴特利海滩了。

北美印第安人

在有关荷兰曼哈顿岛的文件中，首次正式提到了黑人奴隶。1629 年的《自由与免税宪章》第三十条规定："西印度联合股份公司将尽力为殖民者提供更多黑人。"后来修订的《自由与免税宪章》指出，西印度联合股份公司应该给每个赞助者分配十二个男性黑奴和女性黑奴作为奖励。毫无疑问，和弗吉尼亚第一艘贩奴船相同的是，到达曼哈顿岛的首批贩奴船也是私掠船，或者说是战舰。

第一艘贩奴船到达纽约的具体时间已经无从查证，但我们发现，具体时间应该是首批黑人登陆弗吉尼亚后的几年内。1644 年，新荷兰殖民地的负责人威廉·基夫特释放了一些"为西印度联合股份公司服务了十八或十九年"的奴隶。也就是说，这些奴隶早在 1625 年或 1626 年就被迫为西印度联合股份公司服务。

美洲其他沿海地区引入奴隶的情况不再赘述，因为在早期的殖民历史中，奴隶贸易的规模非常小。目前的记载显示，1630 年，"财富"号截获安哥拉贩奴船以前，非洲远海上一直没有专门贩运奴隶的船，当时的奴隶只是船上货物中的一部分。1647 年，曼哈顿岛的荷兰人写道："奴隶贸易停滞了很久，给公司造成了巨大损失。"1635 年，贩运到弗吉尼亚的奴隶只有二十六个，

早期的纽约

1642年为七个，1649年为十七个。关于贩运到美洲的奴隶总数并没有相关记载，但可以肯定的是，1650年前，所有殖民地的奴隶加起来仅有几百人，比后来单艘船运送的奴隶还少。

从商业角度来看，上述奴隶贸易显得微不足道，但这些事实依然非常重要，因为它们不仅表明了奴隶贸易的开端，还有助于我们了解殖民者对奴隶贸易的态度。殖民者为了黑人奴隶讨价还价时，难道已经想到强加在奴隶身上的"致命的贩卖"已经开始？用货物交换二十个黑人前，他们难道完全没有感到良心不安吗？

在1609年发表的《真实而真诚的宣言》中，研究弗吉尼亚殖民地建立原因的学者发现，殖民者的言论反映了他们的主要目标，即"向贫穷而痛苦的人们布道，因为这些人被死亡笼罩却浑然不知。通过施行洗礼使他们成为基督徒，通过宣传《福音书》将他们从魔鬼手中拯救出来。努力使上帝的选民遍布世界各个角落，使他们享受自然的宝藏"。

殖民者相信上述目标就是他们的主要目标。但我们对他们的思维习惯另有看法。

1614年，约翰·史密斯上校写了一封信。在这封信中，我们发现了一段关于在殖民地水域钓鱼的描写：

> 如果快速拖拉并改变鱼线的方向，就能钓上价值两便士、六便士或一先令的鱼。这难道不是一项很好的运动吗？

在当时所有的文献资料中，我们找不出能比这句话更好地反映那个时代以及殖民者精神的句子，一种用钓到的鱼的市场价值衡量钓鱼运动的精神。殖民主义者坦率地宣称，传教工作是他们建立殖民地的首要目的，他们确实希望奴隶们成为上帝的子民。但除了传教目的，殖民者也毫不避讳地表明了对财富的渴望。殖民主义者拥有宗教导师。这些宗教导师曾想象美洲有遍地黄金的街道，但现在转变成了谈论海洋之外的蛮荒地区的矿井产油层。到达拓殖点后，他们规划了一座城镇，并引领了"不空谈、不幻想、不工作，只掘金、洗金、炼金、存金"的社会潮流。

约翰·史密斯上校（1580—1631）

然而，事情进展得并不顺利。殖民者将一堆发光的物质作为货物运回国内，但国内的人发现这些东西毫无价值，于是将目光转向了"沥青、柏油和肥皂粉"。殖民者大肆砍伐檫树，对未来充满希望，甚至殖民地的一些"绅士们"也手拿斧头，加入了伐木者的行列。他们细嫩的手磨出了水泡。后来，斧头每砍一下，他们就咒骂一声。因为这件事，"绅士们"当众受罚，以便让他们记得，无论心里怎样想，都必须管住自己的嘴。

然而，"沥青、柏油和肥皂粉"并没有使美洲的殖民者变得富有或感到舒适。1612年，当约翰·罗尔夫引入烟草种植时，殖民地几乎已经陷入绝望。幸运的是，烟草带来了殖民地的繁荣。不过，这种繁荣是通过沉重的代价换来的。种植烟草非常辛苦，更糟糕的是，美洲的劳作环境对任何阶层的殖民者来说都是极其恶劣的。

## 第 1 章　早期奴隶贸易

了解这些事实后，我们会想到另一个事实，即大部分砍伐和挖掘工作都是由"学徒"们完成的，他们是真正的"工人阶级"。"学徒"由一群来自英格兰的男人和女人组成，他们签署了合同，需要在美洲殖民地服务一定的年份。随后，他们会被卖给弗吉尼亚的种植园主。殖民地的劳务系统是建立在学徒制基础上的。此外，众所周知的是，许多有知识、有能力的人以"学徒"的身份来到各殖民地，像商品一样被售出。

1641 年，马萨诸塞殖民地的法律经常被用来证明殖民者反对奴隶制的态度。这部法律证明，自愿成为奴隶的人在殖民地很常见，并记载道："我们中从未有受到束缚的奴隶，除非他们是合法的战俘，或是自愿出售自己。"

了解这些事实后，我们来研究一下烟草种植地的气候。美洲殖民地曾面临消亡的威胁。殖民者经常受到高烧的折磨，殖民地的死亡率高得惊人。

在这种情况下，一个贸易商愿意用二十个黑人奴隶交换殖民者种植的作物。

除了购买黑人奴隶外，从未获得过任何劳动力或支持奴隶买卖的人，难道在购买奴隶时，良心不会受到谴责吗？然而，他们的头脑中并不存在这种想法。事实上，17 世纪时，英格兰传教士为英属美洲殖民地提供了虔诚的精神食粮，但在巴巴多斯，他们可能拥有一个种植园并购买了奴隶。伟大的基督教贵格会创始人乔治·福克斯参观了西印度群岛后，虽然委婉谴责了殖民者对奴隶的暴行，但对奴隶贩卖涉及的道义只字未提。

与引入黑人奴隶相关的另一个问题是，黑奴为殖民地带来的收益。事实证明了一切。烟草、稻谷、棉花和糖料种植区的种植园主越来越多，他们的后代也建起了更坚固的房屋，购买了更好的衣服和书籍，过上了更奢华的生活。

因此，《纽约殖民地文件》对美洲殖民地的生活进行了如下描述："上帝保佑，一切都很好。巴西经常会引入来自安哥拉的奴隶。奴隶被雇来种植谷物。面粉产量很高，原先八个或十个荷兰盾能买到的面粉，现在售价是六个荷兰盾。"类似的描述在美洲殖民地随处可见。早期的佐治亚殖民地禁止买卖奴隶。当地的种植园主非常渴望获得奴隶，他们喝酒时的祝酒辞是："为必需的东西干杯！"

乔治·福克斯（1624—1691）

综合以上事实，总的来说，美洲引入奴隶是由于劳动力短缺。对奴隶贸易习以为常的殖民者买下奴隶，良心不会受到丝毫谴责。在当时及后来的两百年间，奴隶贸易一直是一种很有商业前景的贸易。

在这里，只能简要叙述一下早期西印度群岛的奴隶贸易。早在1503年，黑人就被运到了海地，在海地的种植园劳作。费尔南多·德·赫雷拉提到黑人时，写道："他们的生命力很顽强。有人认为，除非被吊死，否则黑人永远不会死亡，因为到目前为止，还没有黑人因体弱去世。"这正是美洲奴隶贸易的开端。西班牙人试图奴役西印度群岛的土著居民。不幸的印第安土著像美洲沙漠上

## 第 1 章　早期奴隶贸易

枯萎的绿色玉米一样。巴塞洛缪·德·拉斯·卡萨斯①对即将灭绝的印第安人充满同情，他勇敢站出来为他们辩护。很多人被感动了，并因巴塞洛缪·德·拉斯·卡萨斯的行为向他道歉和解释。但巴塞洛缪·德·拉斯·卡萨斯的行为不需要任何人的道歉。为了拯救一个不适合进行体力劳动的种族，他提议用黑人替换印第安人，因为黑人在身体和精神方面都能承受由西班牙人控制的热带地区的掘金工作。

巴塞洛缪·德·拉斯·卡萨斯将西班牙殖民地的真实情况告诉了西班牙国王，"1510 年，西班牙国王下令将五十个奴隶运送到伊斯帕尼奥拉岛的金矿工作"。费尔南多·德·赫雷拉也曾提到这件事。这是系统地将非洲黑人引入西属美洲殖民地的开始。总的来说，起初，西班牙人的奴隶贸易是出于人道主义，但这个论断可能会令人震惊。

奴隶贸易从 1510 年开始。直到 1619 年，欧洲人才到达美洲海岸，这一点可以通过以下事实解释：直到第一艘贩奴船起航约一百年后，欧洲白人才开始永久地定居在美洲海岸边。

我们对西班牙初期的奴隶贸易知之甚少，而且本书中描述的相关事实与这段历史并没有太大关联。但我们绝不能遗漏一件事，即 1562 年英格兰著名航海家约翰·霍金斯首次参与了盎格鲁-撒克逊人的奴隶贸易。第一次前往非洲时，约翰·霍金斯停靠在了非洲海岸，通过半贸易半武力的方式夺取了一艘贩奴船。他将船上的三百名奴隶卖到了西印度群岛，获得了高额利润。

约翰·霍金斯回到了英格兰。英格兰女王伊丽莎白一世听说他的冒险故事后，宣告说，通过武力带走奴隶的做法"是令人憎恶的，会招致上帝对奴隶贩子的惩罚"。但女王的这一观点既没有阻止约翰·霍金斯继续开展奴隶贸易，也没有影响她将约翰·霍金斯加封为爵士。

我们对 17 世纪的奴隶贸易了解得更多一些，因为当时，英格兰人已经加入了奴隶贸易，并且一些相关文件也被保存了下来。1641 年，巴巴多斯的甘蔗种植成功为英属西印度群岛殖民地的奴隶贸易注入了活力。1662 年，英王

---

① 巴塞洛缪·德·拉斯·卡萨斯（Bartholomew de las Casas，1484—1566），西班牙殖民者和传教士。他对印第安人充满同情，反对将印第安人视为奴隶，主张使用非洲黑人奴隶。——译者注

费尔南多·德·赫雷拉
(1564—1644)

巴塞洛缪·德·拉斯·卡
萨斯(1484—1566)
与一个印第安人

约翰·霍金斯
(1532—1595)

伊丽莎白女王
(1533—1603)

查理二世为非洲皇家冒险贸易公司颁发了特许执照。这家公司每年向英属西印度群岛殖民地运送约三千名黑奴。

英格兰女王伊丽莎白一世和后来登基的詹姆斯二世都拥有非洲皇家冒险贸易公司的股份。这家公司在非洲海岸建了一些边界贸易站，作为购买奴隶的据点。但1672年，该公司的负责人以三万四千英镑的价格将其卖给了一家新公司。非洲皇家冒险贸易公司之前损失了一大笔钱。值得注意的是，一些懂得贸易和熟悉非洲海岸及西印度群岛殖民地市场的船主遭到了侵犯，从而导致了非洲皇家冒险贸易公司的损失。一些人认为，是上帝的干涉摧毁了这家公司。

詹姆斯二世（1633—1701）

## 第 1 章　早期奴隶贸易

皇家阿西昂特公司收购了非洲皇家冒险贸易公司，买下了旧公司的所有股份，用枪支对付外来的商人。但个体商人，"尤其是美洲商人"，一直呼吁说，英格兰议会有责任帮助他们。

皇家阿西昂特公司试图维持垄断地位，但英格兰的个体商人想要打破这种垄断。美洲殖民者建议："对英格兰来说，通过维护港口和城堡保护贸易，并对所有出口的商品征收相同的关税是非常有利的。"英格兰议会采纳了这一建议，并宣称，奴隶贸易"对英格兰极其有利，对英属殖民地的种植园和殖民地也是如此"，并制定法律规定，私有商船对其出口到非洲的英格兰商品支付10%的关税后，可以自由进行贸易。这笔关税用于维护非洲海岸的港口。

熟悉美国海军历史的人会觉得上述描述非常有趣，因为这是美国人第一次为了"自由贸易"和船员们的权益斗争。

随后，大西洋两岸的英格兰人将贸易扩展到了西班牙的各个殖民地。这些殖民地被西班牙外包给了其他国家。相关信息可以在1713年3月13日签订的《阿西昂特条约》中找到。

虽然《阿西昂特条约》只提到了皇家阿西昂特公司，但所有英格兰商人都开始积极参与海外贸易。西班牙人签订了协议，表示三十年内每年至少要带走四千八百名黑人。皇家阿西昂特公司将在二十五年内，在除了三个西班牙-美洲港口外的其他港口，竭尽全力卖出更多黑人。作为回报，皇家阿西昂特公司将二十万克朗现场交易现金、每个奴隶的三十三点五克朗关税，以及公司每次利润的四分之一，支付给西班牙国王和英格兰国王。

这份协议可以在1713年4月11日签订的《乌特勒支条约》第十六条中找到。虽然英格兰通过这份和约获得了哈德逊湾地区、阿卡迪亚、纽芬兰和直布罗陀，但关于奴隶贸易的条款"被认为是1713年和解中最伟大的胜利之一"。

《乌特勒支条约》签订后，英格兰伦敦和西部港口布里斯托尔成为英格兰奴隶贸易船的停靠港口。纽波特是美洲奴隶贸易的主要港口之一。1730年前，利物浦地区用"排水量三十吨的三桅帆船"开始了奴隶贸易。

三桅帆船的运载能力是现在纽约港最常见的驳船的一半。一艘埃里克运河船能运载二百四十吨商品，但小一点的三桅帆船依然可以盈利。1731年后，奴隶贸易逐渐发展。到1752年，利物浦有八十七艘奴隶贸易船，布里斯托尔

布里斯托尔

18 世纪的纽波特

和伦敦分别有一百五十七艘和一百三十五艘奴隶贸易船。为了开展奴隶贸易，利物浦的商人建造了航速非常快的船。为了在港口退潮时使船飘浮起来，商人们还必须修建一种特殊的泊船坞。现在，利物浦的庞大泊船系统就是源于奴隶贸易商船的需求。

当时，利物浦的船用杂货商在橱窗里摆放了供奴隶使用的特殊用品，如手铐、脚镣、铁项圈、长短不一的链子、火炉和铜水壶等。报纸上满是奴隶和贩奴船的广告。"镇上的年轻人以发售黑人女孩的传单为乐。"著名的艺术家托马斯·斯托瑟德有一幅名为《黑色维纳斯从安哥拉到西印度群岛的航行》的作品。商人交易所或市政厅的装修非常有特色，柱顶之间的檐部或木褶上刻有黑人和大象的半身浮雕像，大象的牙齿也刻得很清楚。这些典型形

《黑色维纳斯从安哥拉到西印度群岛的航行》

## 第1章　早期奴隶贸易

17世纪末的利物浦

象代表了非洲的贸易和商业。在装修交易市场时，英格兰人建议用"挂件钱包"装饰墙顶的饰带，或"在底部宽阔的柱子上张贴海报"，但利物浦的商人无需这么做。

新英格兰殖民地在美洲奴隶贸易中占有重要地位。殖民地的船艏楼上，男孩们蹚过积雪寻找泊船位。虽然船员的生活很艰苦，但这些男孩觉得船上的生活比农场的生活更舒服。上船后，美洲殖民地的年轻人很乐意在船尾工作，就像他们接到命令收上桅帆时，很乐意爬上绳梯一样。

乔治·H.摩尔说："新英格兰港口开展海外贸易初期，美洲的奴隶贸易已经成为常规交易。"[①] 前文已经提到，"欲望"号是一艘贩奴船。"驶往马德拉岛和加那利群岛的船只满载黑人和鱼，经常停靠在几内亚海岸买卖黑人。黑人一般被运往巴巴多斯或西印度群岛的其他英属岛屿。"

---

① 乔治·H.摩尔，《马萨诸塞州奴隶制史》。——原注

1705 年制定的《马萨诸塞殖民地法令》措辞字斟句酌，意在促进奴隶贸易，但经常被用来说明当地人反对奴隶贸易的态度。这部法令规定，商人必须为每个黑人缴纳四英镑税款，但如果将这些黑人贩运出去，"可以退回四英镑税款"。"因此，新英格兰港口成了贩奴船的外汇市场。"

　　罗德岛殖民地"早在 1708 年，塞缪尔·克兰斯顿总督[①]报告说，1698 年到 1708 年，罗德岛共建造了一百零三艘船，用于开展西印度群岛和南部殖民地之间的贸易。在直接贸易中，船出发时运出木材，返回时带来糖浆"。但"大多数情况下，这些船主要从事的是奴隶贸易"。

　　《塞缪尔·霍普金斯回忆录》描述说，1770 年，罗德岛殖民地在非洲奴隶贸易中共有一百五十艘船。1770 年，"与新英格兰其他殖民地相比，罗德岛更热衷于奴隶贸易，也将很多非洲黑人变成了奴隶"。

　　塞缪尔·霍普金斯写道："1787 年，奴隶贸易已经成为罗德岛纽波特市的第一个支柱产业，其他商业活动都依赖于此。纽波特市因奴隶贸易越来越繁荣"，"纽波特居民从奴隶贸易中收益颇丰。"

---

① 塞缪尔·克兰斯顿总督（Governor Sameul Cranston，1659—1727），1698 年至 1727 年任罗德岛殖民地总督，是罗德岛殖民地在任时间最长的一位总督。——译者注

第 2 章

# 贩奴船长及贩奴船

## 精彩看点

戴维·林赛——戴维·林赛在巴巴多斯登陆——占星师为贩奴船准备的一张图表——北欧海盗奴隶贩子——奴隶贸易对早期美洲商业的贡献——约翰·保罗·琼斯

令人惋惜的是，关于 18 世纪奴隶贩子的性格及贩奴船的具体细节的记载很少。但幸运的是，我们找到的现有资料依然很充分而且意义非凡。

18 世纪，美洲奴隶贩子的典型代表是戴维·林赛。戴维·林赛来自罗德岛的纽波特市。当时的纽波特市是美洲最活跃的港口。许多信件和文件记录了戴维·林赛的故事，并于几年前刊登在了《美国历史记录》杂志上。

最早提到戴维·林赛的是一封来自海上的信。信的所署日期是"1740 年 6 月 13 日，海上北纬 8°30′，东经 39°30′"，作者是贩奴船船长乔治·斯科特。这封信包含了许多非常有趣的事，既谈到了奴隶贸易，也提到了戴维·林赛。信的具体内容如下：

先生：

借着这个机会，我很高兴可以告诉你一些关于此次航行的痛苦经历。1740 年 5 月 8 日，我们离开了阿诺马布。大部分船员和奴隶都生病了。我们一共购买了一百二十九个奴隶，现在失去了二十九个。黑人奴隶邦纳也死了。我们之前留下的奴隶已经全部找到。有五个奴隶情况很不好，他们以后会怎样我也说不准。我们还剩下三分之一干货和两大桶朗姆酒。如果我当初留下来照看并出售货物，可能会失去所有奴隶。我想航行到美洲的安蒂戈，然后安装单桅纵帆船试航。遭遇一次霉运就放弃并不好。如果直接返回，我会用朗姆酒换取黄金。如果我只能得到二十便士，我会选择留下奴隶。死去的奴隶中，有一个已经不止二十二岁了，其他奴隶都在十四岁以上。我通过戴维·林赛将十六盎司黄金送了出去，并通过肯莱克特船长给你寄信。肯莱克特船长于1740年4月10日出航。我很后悔买了干货。如果当初我们用两千英镑买朗姆面包和面粉，那么商品的价值一定会超过这些干货。我已经支付了大部分工资。我愿为所有朋友服务，请原谅我的疏忽。我现在准备乘戴维·林赛的船出发了。

从乔治·斯科特打算"安装单桅纵帆船试航"可以看出，他是一个勇敢的人。对船员来说，他提到戴维·林赛意义非凡。

乔治·斯科特从非洲海岸出发，航行了一个多月，但只走到了西经30°的位置。戴维·林赛指挥的船也向西行驶。后来，乔治·斯科特不仅写信给他指挥的船的老板，还将信交给戴维·林赛保存，并将获得的黄金托付给了戴维·林赛。

显然，戴维·林赛一定有一条快船，而且航行得比较快，至少比乔治·斯科特的船快一些。同时，戴维·林赛一定是一个诚实的人，他的名声很好。虽然我们对戴维·林赛的介绍来自一个鲜为人知的奴隶贩子的信件，但毫无疑问，人们很赞赏戴维·林赛。

戴维·林赛再次被提及是在1752年。当时，他负责指挥双桅帆船"桑德森"号。这艘船是罗德岛纽波特市的威廉·约翰逊的船。关于"桑德森"号的记录被保存了下来，部分内容如下：

  双桅帆船"桑德森"号的船尾呈方形，重四十吨，1745年建造于弗吉尼亚殖民地的朴茨茅斯，现在的船长是戴维·林赛。此刻的立誓者是"桑德森"号唯一的主人。其他人无论直接或间接，都不享有股份。

威廉·约翰逊

## 第 2 章 贩奴船长及贩奴船

"桑德森"号很小,造价也不高。现在,哈德孙河上的任何一艘专制纵帆船都比"桑德森"号装载的货物多。一份文件显示,1745 年,"桑德森"号以四百五十英镑的价格售出。当时,建造一艘一流船只的价格是每吨二十四英镑到二十七英镑不等。

如果找不到买主,"桑德森"号就只能一直航行。1752 年,戴维·林赛成为"桑德森"号的船长,乘船来到西印度群岛寻找糖浆。戴维·林赛在西印度群岛写信说,"桑德森"号"到现在为止还很牢固",返回纽波特市时也很"牢固"。很快,"桑德森"号满载货物驶向非洲,并按时到达。与此同时,在一封日期为"1753 年 2 月 28 日"的信中,戴维·林赛写道:

先生:

这是我第三次写信给你。我想告诉你 1753 年 1 月 3 日以来的航行情况。船上还有十三或十四桶朗姆酒,天知道我什么时候能

哈德孙河

摆脱这些酒。航程非常枯燥，几乎使人发疯。我的大副经过四五次航行后生病了，现在的状态很糟糕。后来，我叫来了泰勒先生。现在，泰勒先生也感觉有点儿不舒服。至少有三个船员一直在生病。詹姆斯·狄克逊也生病了。更糟糕的是，船上的缆绳磨断了。我认为必须重新买一根缆绳，因为我想到了上船时你的嘱托，如果没有缆绳支撑，船就会生锈。我希望你不要责怪我。我应该高兴，因为我马上就带着奴隶们回家了。船已经不能继续航行。我们在甲板下可以看到船头周围的日光。然而，我希望船能再次将我们安全带回家。不多说了。这里有好几位船长，分别是哈姆雷特、詹姆斯·杰普森、卡彭特、布特勒和我。加德纳倒下了，弗金森去了另一个世界。所有船都装满了朗姆酒。布特勒船长指挥的海岸角堡的双桅船上载有从巴巴多斯运来的一百五十桶朗姆酒。

19世纪末的海岸角堡

## 第 2 章　贩奴船长及贩奴船

我派了一个小男孩到我妻子那里。我会尽最大努力完成你的嘱托。先生，我随时听候你的命令。

总的来说，我从未在航行中遇到这么多麻烦。数日后我会到达巴巴多斯。

戴维·林赛

泰勒先生是"桑德森"号的二副。现在，大副和二副都在睡觉，艏楼上有三个人生病了。船员人手严重不足。此外，如果奴隶们知道了目前的情况，可能会为了自由进行反抗。其他船员也可能会发烧。戴维·林赛发现自己陷入了困境。但更糟糕的是，"我们在甲板下可以看到船头周围的日光"。

戴维·林赛看到船上的裂缝后，露出了害怕的神色，但很快恢复了正常，继续装好船，为横渡大西洋的长途航行作准备。

在当时的情况下，这位睿智冷静的老船长表现出的勇气和坚韧鼓舞了其他船员。我们也注意到，他非常担心妻子会听到船上的糟糕状况。可见他是一个非常体贴的人。

我们发现的另一封信表明，戴维·林赛经历了险象环生的航行后，终于到达了巴巴多斯。这令人感到宽慰，也让人更加敬佩他的勇气。戴维·林赛在描述困难时显得云淡风轻，使我们对他的敬佩之情又加重了几分。信的内容如下：

1753 年 6 月 17 日<br>写于巴巴多斯

先生：

我想告诉你，从阿诺马布出发十个星期后，我终于到达了巴巴多斯。在这次航程中，其中有二十二天我们遇到了狂风和持续性暴雨。船帆被击成了碎条，因此，我花了好几天时间修补船帆。此外，甲板下面的船头周围也裂开了。由于这些原因，我只能进到船里，估算自己能为埃利亚斯·麦里维尔先生创造多少价值。三四个星期后，他会派我去其他地方。船上的五十六名奴隶还没有登陆，他们个个身体健壮。我吐了一些胆汁，对此我有点儿害怕。我为船主们赚了四十盎司黄金，以及八九百盎司马里加巴胡椒粉。

不多说了，一两天后我会到达。我们在船上很好。1753年3月3日，桑福德船长去世。和桑福德船长一起上船的约翰·伍德也于1753年4月3日去世了。哈姆雷特船长生病了，我将他留在了海岸角堡。哈姆雷特船长的奴隶们起来反抗，最后都失去了宝贵的生命。现在，市场上已经没有奴隶了。

了解大海的读者更能理解"桑德森"号在"二十二天狂风"中的艰难处境。"甲板下的船头周围也裂开了"。因为死亡和疾病，"桑德森"号的船员人手不够。在修补被狂风刮碎的船帆时，抽水机一直在运转。

这封信不仅向我们展示了戴维·林赛的坚毅精神，还表明了一个事实，即戴维·林赛"吐了一些胆汁，对此有点儿害怕"，但船上的其他人登陆时都是"健壮"的。这些事实似乎表明，戴维·林赛比同时代的普通奴隶贩子更强健一些。当时，奴隶贸易是合法的，而且我们发现它是一种"非常文雅的"贸易。更重要的是，与其他贸易相比，奴隶贸易更考验船员的交易能力、耐心和技能，以及船上所有人的坚毅品质。同时，如果奴隶贸易能成功开展，一定是所有商业活动中利润最高的。因此，海上最有能力的人都被召集起来从事奴隶贸易。总之，戴维·林赛是美洲贩奴船船长的典型代表之一。

了解这些事实后，我们发现这位睿智冷静的老船长还有不为人知的一面。在开始这段艰险的航行前，戴维·林赛一定咨询过占星师或巫师。因为他觉得如果自己的船受到天气的影响，那么他应该定一个具体的出发时间。幸运的是，戴维·林赛从占星师那里得到的图表被保存了下来，因此，我们有幸知道，1752年8月22日11时32分，戴维·林赛率船向几内亚进发。

从事美洲奴隶贸易的英格兰船长中，有一位叫比利·伯茨的船长。他也被称为"威廉·伯茨先生"。利物浦报纸上刊登了他的讣告："比利·伯茨先生在商界的成就使他成了英格兰的杰出人士。"比利·伯茨是一个孤儿，

## 第 2 章　贩奴船长及贩奴船

在他出生几小时后，他的妈妈或他妈妈的朋友将他丢在了利物浦港口的一艘船上。比利·伯茨被人抱起，在一家孤儿院长大，后来成了一名船长的学徒，开始了自己的职业生涯，并将自己学到的本领充分展现了出来。从艏楼到船舱只需要简单的三步，但从船舱到账房需要付出更多努力。比利·伯茨成功完成了飞跃。

1758 年 1 月 6 日，比利·伯茨乘"骑士"号，从阿诺马布起航。船上共有三百九十八名奴隶。经过不到六个星期的航行后，比利·伯茨和三百六十名奴隶在牙买加登陆。从速度方面来看，这次航行值得记录。但离开背风群岛后，"骑士"号遇到了一艘法兰西私掠船。法兰西私掠船上"挤满了人，并载有十二箱枪支，多次试图登上'骑士'号"。

比利·伯茨遭遇了巨大危险，但他用自己的勇气弥补了人员和武器的不足。法兰西私掠船上的人涌到"骑士"号的甲板上，但"没有一个越过栏杆的法兰西人可以活着回去"。

休·克罗船长的战斗事迹更加著名。他是利物浦有名的独眼奴隶贩子，是"最勇敢、最精明、最古怪、最幽默的老水手之一"。但实际上，休·克罗船长是利物浦最后一艘合法贩奴船的船长，比戴维·林赛和比利·伯茨出现得晚一些。他一生的经历非常精彩，由于篇幅有限，我们无法详细讲述他的经历，只能简要说一下其中的一件事。有一次，休·克罗船长指挥的"玛丽"号受到两艘单桅战船的袭击。这两艘战船在武力上更占优势。休·克罗船长以为这两艘船是法兰西人的，于是集合船员，经过六小时的战斗，成功击退了敌船。然而，天亮后，他发现这两艘船是英格兰人的，而且这两艘船也以为"玛丽"号是法兰西人的船。在"和平商业"史上，这场辉煌的战役广为人知。

事实上，新英格兰和国内的商业是英格兰商业最重要的分支。奴隶贸易成了培养英格兰海员的主要途径。在奴隶贸易中，英格兰人从北欧海盗祖先那里继承来的天赋得到了滋养和激励。我们必须承认，让英格兰和美洲的海外贸易引以为豪的繁荣根植于奴隶贸易。此外，在这些小型贩奴船上，18 世纪的盎格鲁-撒克逊海员的伟大品质得到了培养。平均重达七十五吨的来自利物浦的商船，以及平均重达四十吨的来自纽波特和波士顿的商船，勇往直

法兰西私掠船枪劫商船

法兰西私掠船上的武装分子登上被抢劫的商船

前，直面热带海洋的飓风，勇敢应对战舰、私掠船和海盗的侵扰。为了夺得贩奴船上的货物，这些战舰、私掠船和海盗已经密谋很久。美国独立战争中指挥美军船只，并通过勇气和智谋夺得军需品，最终使华盛顿获胜的海员们，在贩奴船上得到了锻炼，这已经是一个不争的事实。约翰·保罗·琼斯是"真正的海上之王"，他的智慧和勇气无人能及。他曾在"乔治国王"号贩奴船的艏楼上工作，后来在首艘美国旗舰的后甲板上升起了第一面美国海军舰旗。

# 第 3 章
# 航行已成往事

## 精彩看点

贩奴船在奴隶海岸陷入困境——二副乘"长久"号船的不幸经历——奴隶和船员都生病了——奴隶暴动——保险商承担风险——灾难性航行

先生：

  首先向你表示敬意。我想写信告诉你我的近况。上帝保佑，我现在身体还算健康。然而，海岸上从未有过这么多朗姆酒，我可能需要经历一次痛苦的长途航行了。海岸上到处都是法兰西船只，这在以前并不多见。我不知道何时启程离开。来到这里后，我只买到了二十七个奴隶，因为市场上的奴隶很少。我们在罗德岛有十九艘船，因此，现在，那些曾经运载奴隶的船不得不争夺运来的每一个奴隶。我们还有七艘装满朗姆酒的船，这令我们很绝望，甚至想要吃掉彼此。先生，我的家人可能需要你的帮助，因为我不知道何时才能回家。不幸的是，1736年9月21日，我亲手安葬了船上的大副。后来又安葬了一位。航行过程中，我失去了黑人普莱茅斯和亚当。三个星期内，船员们一个接一个地死去。我现在人手严重不足，剩下的两个人也不中用。哈蒙德船长到这里已经六个月了。船上仅有六十名奴隶。我愿意真诚地为您的夫人和家人效劳。我可能要几年后才能回来。

约翰·格里芬

美洲奴隶贸易：起源、繁荣与终结

1736 年 10 月 27 日

写于阿诺马布

在描述奴隶主施加在奴隶身上的罪恶前，有必要介绍一下昔日的奴隶贩子们遇到的困境。当时，勤勉的奴隶贩子约翰·格里芬遇到的境况是：七艘满载朗姆酒的船在港口焦急地等待奴隶的到来。约翰·格里芬几近绝望。如果我们客观地看待当时的奴隶贸易，可能会同情奴隶贩子。约翰·格里芬是纽波特的奴隶贩子。当戴维·林赛名利双收时，他可能也参与了当时的奴隶贸易。实际上，任何一个熟悉大海的人，如果曾在远离家乡的港口等待贩奴船的到来，眼睁睁看着时间缓缓流逝，一定会同情哈蒙德船长的遭遇。哈蒙德船长到奴隶海岸已经六个月了，但他的船上的奴隶还没有装满一半。

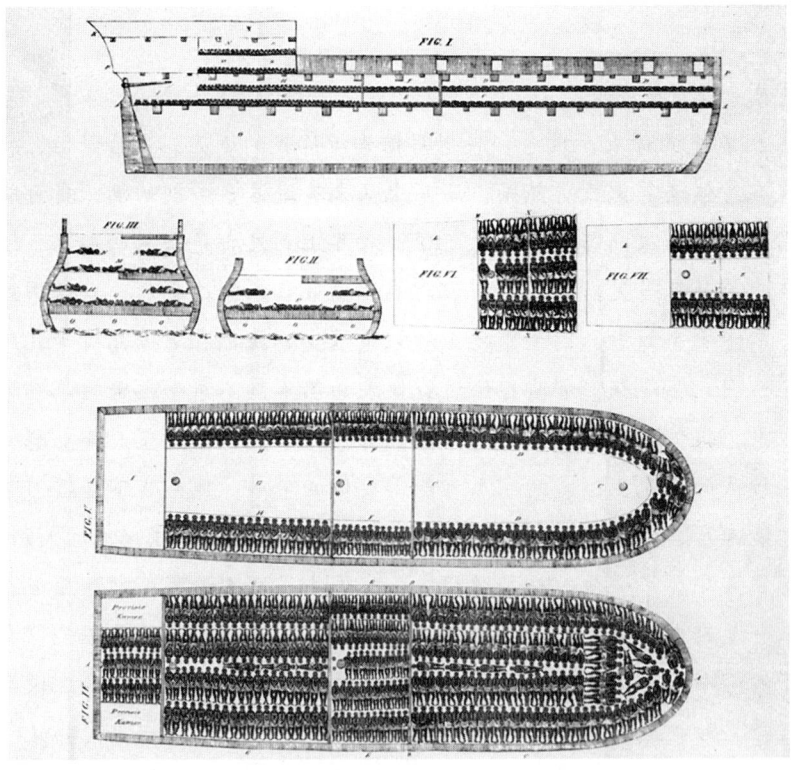

运奴船上奴隶挤在狭小的空间里

## 第3章 航行已成往事

另一封信来自乔治·斯科特船长。这封信清楚表明了奴隶贩子遭遇的困境。前面提到戴维·林赛时,也谈到了乔治·斯科特船长。这封信与前文提到的航行有关,内容如下:

亲爱的丹尼尔:

看到这封信时,希望你像我一样健康。过去的五个星期里,我的身体一直不太好,因此,我们航行得非常缓慢。上帝保佑,我现在已经恢复健康。但船上有五个人生病了,邦纳的病情很糟糕,可能无法好起来了。我现在已经厌倦了航行,一切都不太顺利。由于身体不好,我让大副留在船上,派二副乘"长久"号船到利沃德开展贸易。出发不到四天,二副在没有收到我的命令的情况下,租了一艘独木舟,带着金子来找我交换货物。我没有与他交换货物,并立即送回了独木舟。但独木舟在返回途中翻船了。一群黑人从海岸边走来,带走了独木舟,并控制了船员。黑人们在"长久"号停泊的地方扣留了二副。与此同时,一个奴隶带着两盎司黄金逃走了。这个奴隶是二副买来的。我不得不乘单桅纵帆船找到黑人,用三十二磅最好的货物作为赎金,救回了二副。这次航行中,由于二副的愚蠢,我一共损失了三百英镑。我相信,二副永远也无法赔偿这笔损失。

我用黄金从荷兰人手中购买了奴隶和商品,然后将奴隶卖给了法兰西人。但没过多久,我的奴隶们生病了,我没有办法即刻卖掉他们。有三个奴隶病死了,几名奴隶的情况也很糟糕,剩下的奴隶身体还算健康,表现也不错。我们的船上有一百人,没有黄金。我打算购买二十个奴隶后离开海岸,因为时间不等人。食物非常珍贵和稀缺,每天的用水就要花掉十先令。我想在这里再待十四天,然后前往沙马河,在那里购买一百二十个奴隶后离开海岸。我们大概留下了两百磅货物,但并不打算出售这些货物。我们购买的奴隶每个二十英镑。我希望在1740年6月底到达巴巴多斯,但能否到达牙买加或弗吉尼亚还不知道。我们的大部分奴隶都很高大,有六十个壮年男性，以及二十个女人，剩下的都是男孩和女孩。其中，三个奴隶不到四十英尺高。请原谅我的错误和糟糕笔迹，因为船正在行驶中，我没有时间誊写。

乔治·斯科特
1740年4月9日
写于阿诺马布

过去的一次早期航行是关于荷兰西印度公司的"圣约翰"号的。这次航行被记录并保存了下来。"圣约翰"号的航海日志在奥卡拉根的《贩奴船的航行》中有记载。"圣约翰"号面临的困境并不是荷兰西印度公司的负责人导致的，而是船主们的吝啬造成的。船主们为奴隶们提供的是腐烂的食物和漏水的水桶，但他们自己享用的是可可豆和橘子。奴隶们像沙漠里的牛一样渴死了。最后，"圣约翰"号遇到了狂风，搁浅在浅滩上，随后被海盗洗劫一空。船员和奴隶们的痛苦终于结束了。

贩奴船遭受损失的另一个原因是奴隶暴动。作为战斗者，黑人虽然不能与北美印第安人相提并论，但作为奴隶，他们有时也会奋起反抗。1759年1月12日，"完美"号贩奴船正在默纳河上行驶，船长是波特。船上约有一百名奴隶。波特船长派大副、二副和水手负责人去接收已经付了款的奴隶。他们带走了"完美"号上近一半的船员。船员离开后，"完美"号上的奴隶设法打开了手铐，蜂拥到甲板上，杀死了船长、军医、木匠、制桶工人和一个男孩。其他船员上了一艘小船，逃到岸上找到了大副，最后登上了丹尼尔·库克船长指挥的贩奴船"斯宾塞"号。

1759年1月13日早晨，丹尼尔·库克船长乘船到达"完美"号附近，"命人朝'完美'号射击了约一小时"，但"完美"号的大副没能劝说丹尼尔·库克船长登上"完美"号。最后，逃过"斯宾塞"号射击的奴隶们将"完美"号划到岸边，洗劫了船上的物品，将船付之一炬。

在18世纪的战争中，贩奴船遭遇的困境可以专设一章叙述，因为贩奴船在战争中英勇反抗，特别是北欧人与海军船上的拉丁人之间的斗争。然而，

被手铐脚镣束缚的奴隶

作为特殊的商业分支，奴隶贸易并不是造成贩奴船损失的主要原因。因此，这里不再赘述这些斗争。但即使我们没有列出或不能列出贩奴船的名单，也能看出海上航行的损失与收益比例。在已经提到的与戴维·林赛有关的文件中，我们发现了保险商的要价。保单体现了奴隶贸易的风险。以下是一份保单中的某一段落：

> 我们保险商乐意承担极有可能发生的航行风险，包括海域、战争、火灾、敌人、海盗、流浪者、盗贼、投弃货物、市场许可证、反市场、突发事件、海上航行、船长和船员的失职行为，以及所有已经导致或将会导致商品或船只装配、外观、器具损伤的任何危险和不幸。

如果承担这些风险需要一百英镑的保险费，保险商通常只收取二十英镑费用。但除了一百英镑的保单，威廉·约翰逊先生至少还会收取十八英镑的附加费。

第 4 章

# 贩奴船及其装备

**精彩看点**

小型贩奴船——船载量——美国快速帆船的先驱"维纳斯"号——奴隶贸易中的汽船——捕鲸船——最受欢迎的商品——海军军官对贩奴船装备的估算

1636年，在马布尔黑德建造的"欲望"号是我们知道其大小的最早的美洲贩奴船，排水量一百二十吨。同时代的另一艘贩奴船是"橡树"号，"船长是来自霍伦的詹森·艾肯勃朗"。在一份所署日期是"我主耶稣诞辰之日，1659年1月25日"的租船合同中，"橡树"号"在上帝赐予的好天气中，即将从纽约港口启航，前往非洲海岸"。合同还记录了这艘船的大小："长一百二十英尺，宽二十五点五英尺，气流十一英尺，吃水线以上为五到六英尺，船尾有一个甲板。"

普通的新英格兰贩奴船比"橡树"号更小一些。从纽波特出发驶向巴巴多斯的单桅纵帆船"欢迎"号能装载五千加仑糖浆。"名声"号是纽波特著名的贩奴船和私掠船，龙骨长七十九英尺，吃水线与"美洲杯"帆船赛上的纽波特赛船一样长，船梁宽二十六点五英尺，与最宽的比赛船宽度一样。

使戴维·林赛声名鹊起的双桅帆船"桑德森"号能装载一万加仑糖浆。

凯莱布·克拉普与史蒂芬·布朗是"罗德岛殖民地布里斯托尔沃伦地区"的轮船建造师。1747年，他们签订了一份合同，其中对一艘正在建造的双桅帆船有一段有趣的描述。这艘双桅帆船"龙骨长达六十英尺，有笔直的槽口，以及向前突出的十四英尺长的耙子。耙子的三英尺将安装进龙骨。这样一来，龙骨就会达到六十三英尺长，耙子长十一英尺。船梁长二十三英尺，十英尺在底舱，三英尺十英寸在甲板中间，其余部分七英尺六英寸还有二十英寸浪费掉了。按照一般的比例，船尾的耙子有一个足够长的假艉。龙骨两边要加长三十英寸"。

现在的一艘排水量五百吨的船的龙骨也不及上述双桅帆船的龙骨长。"甲板中间"的空间值得注意，因为这是关押奴隶的地方。

1808年，奴隶贸易成为非法活动，1820年又被称为海上抢劫行为。随后，英国派出一些战舰制止奴隶贸易。后来，从事海上贸易的船主要有两种：一种是细长的速度较快的多桅帆船，另一种是大型船，但只有少数船速度较快。大船上有很多想要一夜暴富的人。乘坐小型船的人认为奴隶贸易轻松愉快，他们可能是从事犯罪活动的小偷，或者是拦路抢劫的强盗。

我们掌握了一些行为鬼祟的奴隶贩子的船的精确数据。这些船被截获后，巡洋舰对它们进行了精确测量。1847年的"费利西达德"号排水量六十七吨，

18世纪的贩奴船

## 第 4 章 贩奴船及其装备

"玛丽亚"号排水量三十吨,"里奥班戈"号排水量十吨。其中,"里奥班戈"号被截获时,船上满载奴隶。装载奴隶的方式会在后文描述。据说,"玛丽亚"号被截获时船上共有两百五十七人。这艘船长十五英尺,宽十六英尺。现在的一些牡蛎捕捞船都要比"玛丽亚"号大。

一些小型船的构造很特别,船员可以降低桅杆,使用船桨。当巡洋舰在十英里或更远的地方出现并露出船帆时,小船上的船员能够快速逃走。

十吨重的多桅纵帆船并不是最小的船。二十四英尺长、七英尺宽的敞开式划艇起航时可以带五十个黑人儿童,到达巴西时船上至少还剩三十五名儿童。

大型船中质量最好的是"维纳斯"号,建造于巴尔的摩,重四百六十吨,造价三万美元。"维纳斯"号的速度非常快。在非洲海岸遇到巡洋舰时,船长可以缩短船帆,与巡洋舰周旋。当时,没有船能与"维纳斯"号媲美。第一次航行结束后,"维纳斯"号上有八百多个奴隶安全着陆,每个奴隶的净利润高达三百美元。

18 世纪的巴尔的摩

一些汽船也曾从事奴隶贸易并被人们熟知。"普罗维登西亚"号的四次航行中，共将四千五百名奴隶送到了巴西。更著名的"黄鹂"号汽船最初叫"雌狮"号，船长是一个叫桑福德的人。"黄鹂"号在纽约和斯托宁顿之间航行。桑福德船长将"黄鹂"号以一万一千五百美元的价格卖给了巴西商人塞西亚斯。塞西亚斯花费一万三千五百美元修缮和改装了"黄鹂"号。"这些交易中，美国纽约居民加德纳先生似乎充当了代理商的角色，一直被船主们视为收货人。我们有理由相信，加德纳先生因同样的目的参与了其他汽船的装配。"

　　"黄鹂"号在卡奔达装载了一千名奴隶，原本可以安全抵达目的地，但塞西亚斯要等待当地的代理商去购买五百多个奴隶。后来，"黄鹂"号被一艘英国巡航舰截获。

　　旧式捕鲸船成了最受欢迎的贩奴船，因为船上的金属锅可以煮白薯和米饭，还可以炼鲸油，船上的桶可以用来装水或鲸油。

　　最著名的最后一批捕鲸船的代表是纽约的三桅帆船"奥古斯塔"号。"奥古斯塔"号被截获后，吉尔伯特·H.库珀证实说，他只"购买了这艘船的一

18 世纪的捕鲸船

## 第 4 章 贩奴船及其装备

部分股份,整艘船的价格是两千美元"。后来,他将这艘船以四千九百美元的价格卖给了阿普尔顿·奥克史密斯,其中一千八百美元是船在航行中装备的价值,三千一百美元是船本身的价值。"这个价格比其他船主授权他卖的船的价格多了一千美元。"

18 世纪后,商船的改进主要归功于奴隶贩子的进取精神。19 世纪初,大小相同的船中,没有船能与贩奴船媲美。1812 年,大部分贩奴船被改装成了私掠船。

19 世纪的奴隶贸易对船运的影响相对较小,但可以肯定的是,来自巴尔的摩的"维纳斯"号是美国快速帆船的先驱。美国快速帆船在内战前的航行震惊了航海界。此外,通过建造小型快速多桅纵帆船,许多船厂老板在美国内战前大赚了一笔。如果政府的唯一目的是促进商业发展,那么对贩奴船视而不见的官员则为国家带来了真正的利益。

许多官方文件记载了贩奴船上的商品。18 世纪中期,美洲贩奴船"塞拉利昂"号的一份提货单写道:"上帝保佑,'塞拉利昂'号一切正常,状态良好,船主是威廉·约翰逊和吉尔伯特·H. 库珀。这次航行的船长是戴维·林赛。现在,船停泊在纽波特港,准备向非洲海岸进发。"普通的商品清单上有朗姆酒、食物、手铐以及"六支火枪、六桶半火药"等。这份提货单的结尾写着:"愿上帝将船安全送达目的地。阿门!"

如果认为向上帝祈祷只是一种遵从习俗的行为,那么这个观点可能站不住脚。有记载称:"一个上了年纪的人总能成功完成航海任务。"他"总是在贩奴船到达纽波特港口后的星期天前往教堂,向上帝表示感谢,感谢上帝愿意将愚昧无知的异教徒带到自由的土地上,让他们享受福音的滋养"。一位支持奴隶制的作者在其著作《奴隶制概略》中说:"信仰上帝是欧洲当时最伟大的事业。一些人相信,基督徒和糖可以同时被轻松地创造出来。"

1801 年,奴隶海岸的奴隶价格达到顶峰。如果奴隶主想要一名最健壮的奴隶,就需要用以下商品交换[①]:

---

① 这份商品清单引自高尔·威廉姆斯(Gower Williams)。——原注

人们往私掠船上装载货物和补给

17 世纪的商船

一匹十八码长的印花棉布、一匹十八码长的印度粗棉布、一匹十八码长的切罗布、一匹班得诺布、一匹十四码长的尼卡尼布、一匹十四码长的库斯泰布、三匹罗梅尔布、五十二条手绢、一口黄铜平底锅、两把火枪、二十五桶火药、一百个打火石、两袋铅、二十把刀、四口铁锅、四顶檐帽、四顶鸭舌帽、四把短剑、六串珠子、十四加仑白兰地酒。这些商品总价值二十五英镑。

1757年,另一艘贩奴船的船长给出了一份商品清单。清单上写着:"一百四十桶朗姆酒、一百磅食物、一万两千磅面包、六门炮弹重四磅的大炮、四把斯威尔枪、四把牛角枪和一些轻武器。"

早期的奴隶贸易中,朗姆酒是用来交换奴隶的最佳商品。18世纪末,奴隶贩子主要通过屠杀性袭击掠夺奴隶,因此,武器成了最受欢迎的商品。随后,奴隶贩子们在奴隶海岸建立了大型奴隶仓库和禁闭处。后来,硬币成了最急需的商品。

海军准将马修·C.佩里指挥美国海军驻非洲分遣舰队时,发了一封信给华盛顿。内容如下:

适合非洲奴隶贸易、可以装满一艘二百五十吨船的商品有:四十桶产自弗吉尼亚的长叶短头的烟草;一百桶火药,有十磅和二十磅两种规格;美国棉织品如铺在家具上或用作围裙的格子布、漂白和原色的平纹细布、蓝色手绢、印花布、蓝色粗斜纹布和蓝色粗棉布,英国纺织品如蓝白粗棉条纹缎布;一百桶牛肉、猪肉和鲭鱼;一百桶面粉,二十五桶窖干玉米粉;两千磅精糖,一千磅红糖,二十桶黄油,二十桶猪油,二十盒鲸油蜡烛,五十盒肥皂;两千磅火腿,一千磅牛肋骨和肘子,四百磅牛舌;三百磅奶酪,二十盒葡萄干,五十桶军用面包;六桶葡萄酒、马德拉白葡萄酒、波尔图葡萄酒和雪莉酒;两磅罐装茶叶,熙春茶和火药,五百磅咖啡;陶器,包括洗脸盆、彩绘夸脱和品脱马克杯及罐子,每种一千二百个;各式大小的马口铁平底锅一千二百个;四加仑大小的成捆的马口铁桶

# 第 4 章 贩奴船及其装备

马修·C. 佩里（1794—1858）

一百四十四个；彩绘木桶三百个；各式男靴和鞋一百双，其中大号靴子和鞋居多；女式各色小山羊皮鞋一百双；优质男式短袜和女士棉织长筒袜各五十打；各式棕榈叶帽一千二百顶；相同大小的价值五十美元的书籍和纸张以及墨水和羽毛笔；四百磅白铅，三十加仑调漆油，三十加仑灯油；一千磅黄铜水壶和平底锅，其中25%是水壶；价值约五百美元的优质女性商品，包括平纹细布、蕾丝、丝袜、少量黑色丝绸、针、别针、成卷轴线、包头软帽及绶带；十盒上好的西班牙雪茄。如果有足够的空间，还可以装一些五百英尺长的木板；二十小桶各式切制钉，有价值四便士、六便士、七便士和八便士的；

两打丝绸伞和五打棉织伞；少量质量上乘的麦芽酒、黑啤酒和苹果酒，麦芽酒和黑啤酒各五十打，苹果酒二十五打[①]。

短剑和火枪需求量很大，可以直接从英国和美国得到供应，但英国货比美国货更便宜一些，只是质量有点儿差。

这份清单来源真实，已经提交给了海军部。

美国海军驻非洲分遣舰队指挥官<br>
马修·C.佩里海军准将<br>
1844年1月28日<br>
写于护卫舰"马其顿"号上

---

[①] 威士忌或朗姆酒在贸易中是利润丰厚的商品，但在这份清单里被有意遗漏了。——原注

# 第 5 章
# 奴隷海岸

> **精彩看点**

奴隶海岸的自然特征——土著居民的特质——为奴隶市场搜集奴隶——奴隶贸易从公平的易货市场蜕化为残暴的海上抢劫行为——白人奴隶贩子彻底堕落——卡拉巴尔的大屠杀——为奴隶付出的代价——佩德罗·布兰科和达·苏扎的奴隶禁闭处——自愿成为奴隶的黑人

整个奴隶贸易史中，在奴隶贸易属于合法贸易的时代，西部奴隶市场的主要奴隶供应源位于非洲的大西洋海岸，即非洲北部的佛得角和南部的本格拉或圣玛莎角之间。实际上，在奴隶贸易属于合法贸易的年代，这也是唯一的奴隶供应源。由于大海的侵蚀，陆地上出现了一块巨大的凹处，就像南美的巴西从非洲海岸的山谷里被挖走了一样。两条大河和众多溪流汇入大海，大河和溪流的轮廓总体上像一个巨大的海湾，为航运提供了极佳的港口，但整片流域既没有海湾也没有水湾。近海的岛屿并不多，规模也不大。虽然可以看见远处淹没在梦幻般的迷雾中的山峦，但海滩上的地势依然很低。河水在低洼的三角洲数不清的沟渠里蜿蜒前进，周围长满了红树林和棕榈树，有毒或凶猛的爬行动物出没其间。海中浅黄色的沙与高地上黑色的污泥混在一起，形成了低洼的黄褐色海滩和沙丘。流到这里的水流总会被无处不在的汹涌海水击打回去。戈雷岛、冈比亚、塞拉利昂、利比里亚、贝宁湾、比夫拉湾、邦尼湾、卡拉巴尔、阿诺马布、安布里什、刚果、卢安果，对研究奴隶海岸历史的学者来说，都是非常熟悉的名字。

这些地方和其他原始社会一样，强者统治着弱者。一些部落在智力和体能方面优于其他部落。每个部落都有一些出类拔萃的强者，但强者中只有一个首领。首领在各方面都是部落的真正英雄。首领或酋长的儿子可以

19世纪的法国殖民地戈雷岛

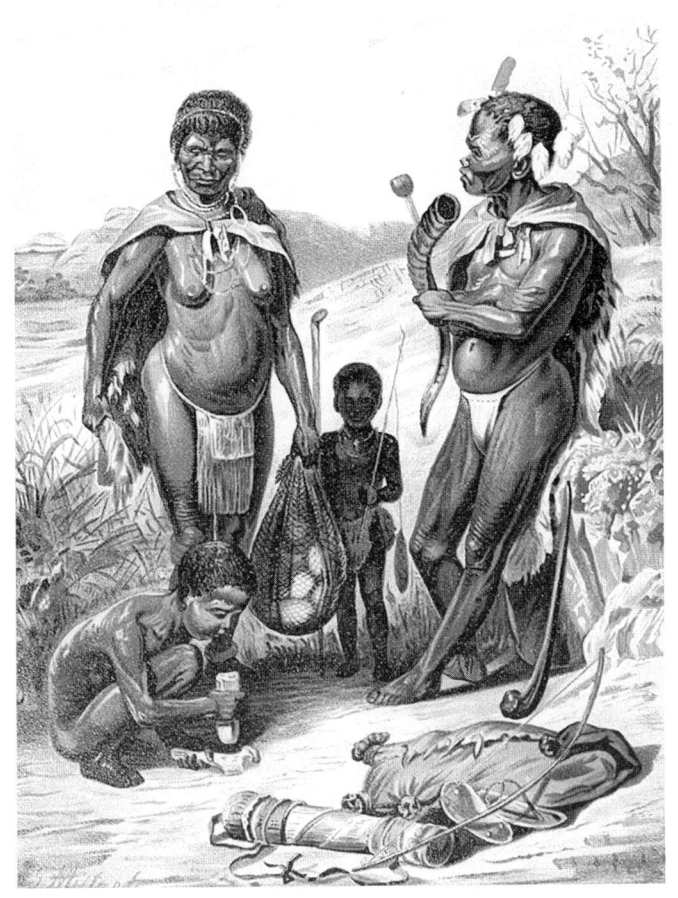
非洲的原始部落

继承父亲的显赫地位，但必须要和父辈同样优秀。在有些部落，首领职位不能通过继承获得。

非洲人是一个迷信、野蛮的民族，相信各种看不见的超自然神灵的存在，但由于周围无法解释的现象具有的破坏性影响，他们认为所有神灵都拥有邪恶的心灵。从闪电划过天空，到肿瘤的隐形扩散，生活中的任何不幸都是邪恶神灵的杰作。

因此，这些野蛮部落常常将神灵与地球上的邪恶生物联系在一起，譬如毒蛇、凶猛的鸟类、饥肠辘辘的野兽，以及狡猾鬼祟但无半点勇气的人类。此外，一些奇形怪状的石头，或让人感到害怕的地形形状，都会被视为邪恶神灵的有形化身或安居地。

虽然这些部落也有一些原始的、在政治经济学中称为"交换"的概念，但他们在交换这一实用艺术方面并未取得多大进步。白人却懂得积累和交换的意义。

此外，野蛮部落和文明的白人之间也存在共同点，尽管并不完全相同。他们都喜欢朗姆酒。白人将朗姆酒与酸橙汁、水和糖混合在一起喝，野蛮人往往直接喝。那时的白人完成一次前往非洲的航行后，如果赚到了钱，也喜欢喝马德拉白葡萄酒。然而，白人喝马德拉白葡萄酒是为了健康或其他类似原因，但野蛮人仅仅是因为喜欢。因此，两个种族的相关性显而易见。

由于白人在许多方面优于非洲黑人，黑人很快接受了白人。双方立即开展了贸易活动。

随后的贸易活动令人震惊，甚至可以说是世界史上最可怕的贸易，因为白人来到非洲寻找奴隶，黑人将奴隶卖给白人。

当我们开始考虑非洲首领们为什么会有可供出售的奴隶时，一个值得探究的话题出现了。可以肯定的是，早期奴隶贸易中的奴隶数量很少。也就是说，每个部落中的强者都会将其他部落的一些人占为私人财产。成为私人财产的人被不同方式拘禁。获取奴隶的最主要方式是将部落战争中的俘虏变成囚犯。然而，部落中的奴隶实际上体现了奴隶主的恻隐之心。攻击敌人时，奴隶主没有将老人和年轻人全部杀光，而是让他们活了下来。

另一种蓄奴方式是借助与债务相关的部落法律。文明的黑人将没有偿还

# 第 5 章　奴隶海岸

战争中被捕的奴隶

能力的债务人投入监狱，直到债务人去世。野蛮的黑人会让债务人通过劳动抵债。此外，白人还注意到，如果一个黑人男子发现某一个妻子对自己不忠，就会将妻子的情人变成奴隶。

非洲人还有一种更引人注目的蓄奴方式。他们非常珍视自己敬奉诸神的权力，因此，当一个人亵渎或转移甚至触摸了他人敬仰的神物时，会被视为一种冒犯行为。对这种行为的惩罚通常是将此人变成奴隶。

战争、犯罪和迷信为各个非洲部落的强者提供了奴隶。强者偶尔会将自己的奴隶卖掉。值得注意的是，除非遇到饥荒，否则黑人很少卖掉自己的儿子。但在欧洲奴隶贩子到来前的蓄奴岁月里，一些人会卖掉自己的妻子和孩子。总的来说，在奴隶贩子到来前，非洲的奴隶被视为奴隶主家庭中的一员。联想到这些事实时，我们必须记住，吃穿不愁的非洲人很容易满足，他们从未想过积累财富。因此，非洲部落对劳动力的需求并不大。白人到来前，奴隶海岸的奴隶很少。

从美洲到非洲的第一次航行被记载了下来。这次航行记录了奴隶贩子获取奴隶的一些方法。一个姓史密斯的船长指挥一艘名为"彩虹"号的波斯顿船，载着盐沼鱼和船员前往马德拉。卖掉盐沼鱼后，"彩虹"号继续航行，最后前往几内亚海岸购买奴隶。到达几内亚海岸后，船员们发现一些伦敦贩奴船已经在那里了。伦敦贩奴船的船长因单调的奴隶贸易感到闷闷不乐。可供出售的奴隶很少。为了改变现状，美洲殖民者和伦敦人假装与当地人吵架，然后架起了"凶手"号大炮，在周日袭击了一个黑人村庄，杀死了许多居民，并囚禁了一些人，其中的两个人成了波斯顿船的奴隶。

这次袭击发生在1645年，恰好是荷兰船上的奴隶登陆弗吉尼亚的第二十六年。约翰·罗尔夫是第一位娶北美印第安女子为妻的男性，他记载了荷兰船上的奴隶登陆弗吉尼亚一事。美洲殖民者参与的首次奴隶搜集活动的特点是欺诈、暴行、屠杀无辜。"他们杀死了许多居民"，还掠夺了两个奴隶。

史密斯船长的行为并不是奴隶贸易的通行做法，这一点可以从他回国后发生的事中推断出来。史密斯船长与"彩虹"号的船主们因航行后的收益问题发生了争吵，由此引发了一场官司。双方在法庭上讲述了航行的过程。虽然这不是一起刑事案件，但其中一名地方法官控告史密斯船长犯了三种罪行，即谋杀、偷盗黑人和破坏安息日。史密斯船长最终并没有因为这三项指控受到惩罚，因为法院对其在非洲犯下的罪行没有司法权。但两个奴隶被遣送回了非洲。后来，这一判决成了一项惯例。

此外，考虑到当时的奴隶贸易的通行做法，我们可能会说，从时代的角度公正来看，1750年前，欧洲人在奴隶海岸进行的奴隶贸易与非洲人之间的贸易一样，都是奉行诚信原则的。

根据船的规模以及风向推断，纽波特贩奴船到达奴隶海岸通常需要六到十个星期。到达邦尼湾、阿诺马布或卡拉巴尔后，贩奴船会在自己喜欢的港口停泊。随后，船长会准备一场盛大的娱乐派对，向当地的首领和酋长表示敬意。通常情况下，船长邀请部落首领参加聚会时，首领们都很乐意接受邀请。

除了免费的娱乐活动，部落首领们也会收到各式各样的礼物。亚历山大·福尔肯布里奇是18世纪中后期的奴隶贸易中的一名军医，他说这些礼物"一般有布匹、棉织物、印花棉布、丝绸手绢和其他印度商品，有时还有白兰地酒、葡萄酒和啤酒"。

男人、女人和孩子被押往奴隶市场

安抚好非洲部落的首领后，船长们就可以自由开展奴隶贸易了。本书第三章中提到了乔治·斯科特船长的信，信中粗略描述了一些有关奴隶贸易的细节。

对奴隶贩子来说，奴隶贸易常常令人沮丧甚至恼怒。但一些富有进取精神的奴隶贩子会想办法刺激奴隶贸易的发展。他们找到一个对当地部落充满怨恨的首领，煽动并资助他复仇。此外，奴隶贩子还向这名部落首领暗示，一些身体健壮的居民妄想成为部落首领，阻止这种野心的最好办法是将他们卖掉。奴隶贩子还和非洲的巫医交朋友，从而对健壮的年轻男女实施巫术。巫医通常都是部落中精明狡诈的无赖。奴隶贩子劝说巫医以莫须有的罪名诱捕青年和小孩，还告诉有多个妻子的男人，某个年轻男子是他其中一个妻子

奴隶贩子侵入村庄，捕捉村民，将他们变为奴隶

## 第 5 章 奴隶海岸

的情人。随后,这个男人会设下埋伏将所谓的情人抓住并卖掉。还有一个获得奴隶的办法是,美丽的女性被派去诱捕毫无戒备的年轻男子。令人难以置信的是,来自基督教国家的文明的船长们在非洲引进了职业盗贼的惯用伎俩,从中牟取暴利。船上的商人和股东都知道这种行为,但依然乐意从中分赃。

然而,更糟糕的情形随之出现。有人注意到,奴隶贸易中贩奴船的数量正在稳步增长。18世纪中期,贩奴船的数量迅速增加,运载能力也得到提升,造成这一现象的原因不难寻找。西印度群岛的种植园主发现,让一个健壮的奴隶劳作到死比养活他到老更划算,而且利润更高。劳动力的损失可以通过从非洲进口奴隶弥补。处在当时的时代背景下,除了获取利润,种植园主不会考虑其他任何事。

由于不断增长的奴隶需求量,奴隶的价格也在稳步上升。戴维·林赛在那次"使人发疯的航行"中,将最强壮的奴隶以每名三十五英镑的价格卖出。二十五年后,奴隶的平均价格涨到七十英镑。利物浦的"事业"号船属于弗雷德里克·理查兹·莱兰及其他一些股东。在20世纪初的一次航行中,"事业"号上共有三百九十二名奴隶。这次航行的利润是两万四千四百三十英镑八先令十一便士。如果年老的和年轻的奴隶都计算在内,平均每个奴隶的售价是六十二英镑。

随后,非洲海岸市场上掀起了奴隶贸易热潮。1762年,纽波特的一份记录显示,一个奴隶的价格可以买到一百一十加仑朗姆酒。一份古老的利物浦商业史记载,1786年,西印度群岛运送一个奴隶的平均花费是二十七英镑五先令十便士,其中约二十二英镑是奴隶本身的价格。奴隶价格的上涨导致了获取奴隶方式的改变。戴维·林赛曾为奴隶供不应求的状态焦心不已,为能够获得五十六名奴隶感到心满意足。然而,对不断增长的奴隶需求量来说,当前的奴隶供应依然不能满足美洲的需求。

相对来说,奴隶贸易的第一次变化并不明显。以前的奴隶贩子从未认真关注过奴隶供应商声称的奴隶来源,但也有记载称,当得知奴隶是遭到绑架的自由人时,奴隶贩子会拒绝购买奴隶。1750年后,美洲对奴隶的需求量急剧上升。因此,船长们对外宣告说,无论是不是遭到绑架的自由人,只要身体健康,都可以带走。奴隶贩子以前只从非洲部落首领和酋长那里购买奴隶,

西印度群岛的种植园

奴隶在开垦土地

奴隶贸易都是光明正大的商业活动。现在，任何人都可以随时将手中的奴隶卖个好价钱。

生活在奴隶海岸边的人如果遵从一般的生活轨迹，可能永远不会拥有可供出售的奴隶。然而，当地人陆续将奴隶带到了贩奴船上。晚上，会有两三个人乘独木舟，将一个手脚被绑的黑人卖给奴隶贩子。购买被绑架的奴隶已经成为奴隶贸易中常见的做法。亚历山大·福尔肯布里奇说，18世纪下半叶，他接触过的大部分奴隶都是被绑架来的。他还补充了许多自己知道的具体事例。譬如，一个妇女受到邻居的邀请前去拜访，但她一走进小屋就被两个男人绑架并带到了贩奴船上。一对父子正在种植白薯，忽然，灌木丛中钻出来几个男人，强行带走了他们。一个来自内陆的黑人，到海滩售卖商品，受邀参观附近的船，并喝了免费的朗姆酒。但当他想要离开时，却发现自己已经被向导卖了。

詹姆斯·汤是贩奴船上的木匠。在一次议会调查中，詹姆斯·汤作证说，他在加利纳斯看到一个商人将一名奴隶卖给了一艘船。但当这个商人带着"商品"到达海滩时，四个男人从灌木丛中钻出来，抓住了他，并抢走了他的"商

非洲部落运送奴隶的小船

## 第 5 章　奴隶海岸

品"。随后，这四个人乘商人的独木舟，将奴隶卖给了一艘贩奴船。贩奴船的船长目睹了这起事件的整个过程。

当英格兰贩奴船"不列颠"号停靠在贝宁河畔时，当地的部落首领来到船上交换商品。几分钟后，他看到一艘载有三名黑人的独木舟正在过河。于是，他派手下将独木舟带了过来。三名黑人都是另一个部落的人。但很快，部落首领打算出售他们。其中两个黑人被买走了，剩下一个上了年纪的老人没人愿意买。最后，部落首领命人将这名老人带到栏杆前，砍下了他的头。

1769 年，威廉·达夫离开皮卡尼尼西斯塔斯，在迎风海岸上看到了当地有名的奴隶贩子本·约翰逊。本·约翰逊带了一个偷来的女孩。但当他离开船时，立即有两个异常兴奋的男子从另一边上船，开始询问这个女孩。得知女孩的经历后，两个男子追上本·约翰逊，并捕获了他，将他带到贩奴船上卖了。

本·约翰逊向船长抗议道："你不会买下我的，你知道我是一个伟大的商人。你会买下我吗，船长？"

船长回答说："只要他们愿意卖你，我就会买下你，不管你是谁。"现在，以绑架他人为生的本·约翰逊也成了奴隶。这个故事非常有趣，因为它清晰地描绘了船长当时的心理活动。船长不会亲自绑架一个黑人，但他愿意买下任何被出售的黑人。

当时，海岸角堡的奴隶买卖由一个叫马什的人负责，他的一句话被记载了下来。他说："我不在乎奴隶是怎么来的，因为我会公平地买下这些奴隶。"这句话隐晦地表现了马什的良心不安。现在，我们渐渐理解了这种不安的表现。

然而，奴隶贩子很快摆脱了良心不安，因为虽然通过非法行径获得的奴隶增加了，但依然无法满足美洲对奴隶的需求。此外，随着贩奴船上奴隶平均数量的增加，船主们想要快速获得奴隶的欲望越来越强烈。戴维·林赛通过常规方法获得十五或二十个奴隶时，可能还可以通过其他途径获得四十个"健康又健壮"的黑人。然而，利物浦著名的奴隶贩子比利·伯茨"出生时是一个弃儿，逝世时却是一名贵族"。使他声名鹊起的"骑士"号上载有二百五十名奴隶，但他迫不及待地想要获得近百名新奴隶，因为船上的奴隶可能会死掉。

奴隶贸易源于用等值的商品交换通过合法手段获得的奴隶。奴隶贸易兴起时，贩奴船购买的大部分商品是奴隶。船上的奴隶大多是遭到绑架的自由人。后来，奴隶贩子采取了海上劫掠的方式，并蓄意攻击拒绝开展贸易的非洲土著居民。需要记住的是，1645年的马萨诸塞贩奴船是一艘海盗船。在奴隶贸易史上，这类海盗行为很常见。但需要强调的是，海盗行为是随着美洲对奴隶需求的增加自发出现的。

非洲内陆的土著部落与奴隶海岸的部落发生血腥争斗后，奴隶贩子们煽动海岸部落对内陆部落发起了海盗式的袭击。

1757年或更早以前，煽动海盗式袭击的做法可能已经开始。前文引用的信件中出现的"六门炮弹重四磅的大炮、四把斯威尔枪、四把牛角枪"就是奴隶贸易中常见的商品。但可以肯定的是，海盗式袭击在当时的奴隶贸易中并不常见。

1776年前，约翰·鲍曼曾在奴隶海岸任职。他在美洲殖民地的议会委员会面前作证说，自己曾掌管一个设在斯卡苏河的机构。这个机构专门为好战的非洲土著提供发动袭击的武器。此外，约翰·鲍曼还和非洲土著一起参与了一起袭击。这个机构为非洲土著首领提供了一些枪支和弹药。然后，号角声响起，一群人集合在一起，分配了武器后，袭击立即开始。袭击当天的下午，这群人驻扎在斯卡苏河的支流边，一直等到半夜。随后，他们离开了约翰·鲍曼，悄悄穿过森林。半小时后，枪声和惊叫声响起，森林被燃烧的茅屋点燃。

后来，这群人带回了三十个人，包括男人、女人和孩子。一个小村庄遭到袭击时，村子里的村民们都还沉浸在睡梦中。一些村民被杀害，一些逃进了灌木丛，三十个人被活捉。等到合适的时机，这三十个人就会被送到约翰·鲍曼负责的机构。

在奴隶贸易史上，这是关于袭击的最温和的故事之一。

西奥多·卡诺描述一起袭击事件时，说道："我在非洲漫游时，经常看到狮子突袭猎物。饥肠辘辘的狮子满足自己嗜血的欲望时，完全是出于本能，随后会将猎物的尸体丢弃。但这些非洲女黑人是突击队的成员，与荒原上的野兽相比，她们既不体面也没有怜悯之心，经常通过一些折磨人的手段获得邪恶的快感，使奴隶们饱受痛苦却求死不得。她们将各种折磨方式一步步施

奴隶贩子与被捕的奴隶

加在活人身上。在这种情况下，女人的残忍往往会超越男人。这些非洲女黑人在屠杀中缓慢前进，残忍程度已经无法用语言描述。"

　　战败后幸存下来的黑人被带到奴隶海岸出售。随着时间的流逝，袭击者的嗜血欲望日益强烈，贪婪之心愈发明显。他们将原本可以卖掉的奴隶折磨至死。18 世纪末，被贩奴船主称为战争的袭击是奴隶海岸市场上的主要供货源。后来，奴隶贸易被视为非法后，这类袭击成了唯一的供货源。美洲殖民者对这一事实并不陌生。

　　过去，非洲的河流附近有许多小部落和聚居点。当地居民主要以农业为生，但后来，他们成了奴隶海岸劫掠者们的主要猎物。直到河流附近热爱和平的人被赶尽杀绝，幸存下来的人被迫加入了劫掠者的队伍。

　　英格兰人曾和奴隶海岸的一位部落首领商谈废除奴隶贸易一事，但这位雄辩的首领说："我和我的人民时刻准备与英格兰的敌人展开斗争，愿意做英格兰人要求我们做的任何事，但要我们放弃奴隶贸易绝对不行。我的人民不懂其他贸易，奴隶贸易是我们获得荣耀与财富的手段。我的人民用歌声庆祝胜利，母亲用战胜敌人的乐曲哄孩子入睡。"

　　此外，人们对持续增长的奴隶需求量造成的影响持有不同观点。"将别人视为走卒或提线木偶，定会遭遇同样的命运。"奴隶贸易直接或间接影响了参与其中的人。现在看来，这些人的经历非常有趣。

　　从提供武器给部落首领到煽动他们从事奴隶贸易，早期的奴隶贩子已经开始参与惨无人道的奴隶贸易。即使是盎格鲁－撒克逊奴隶贩子，也会伪装成调和者，将一群黑人卖给另一群黑人，甚至参与了随后的屠杀。但现在，他们是唯一真正理解"公正"和"自由"含义的种族。

　　卡拉巴尔河流入比夫拉湾，入口是前文提到的巨大海湾海岸线形成的斜角。卡拉巴尔河是一条三英里宽的河流，水深三到五英里，河岸很低，岸旁到处是红树林和棕榈树。河的两边有许多小湖，视野所及的河岸其实是一座座岛屿。

　　这些岛屿中，有一座岛屿是被称为老卡拉巴尔或老城的定居点，另一座是被称为新城的定居点。两个定居点的人存在血缘关系，但因为奴隶贸易，彼此非常仇视。然而，两个定居点的居民势均力敌，只有通过绑架或偶尔屠

## 第 5 章　奴隶海岸

杀一两个居民给对方施加痛苦。但随着时间的流逝，新城的居民在贩奴船长的帮助下越来越强大，在后来的奴隶贸易中也变得臭名昭著。

　　1767年，布里斯托尔的"印度女王"号、"约克公爵"号、"南希"号、"和谐"号，利物浦的"埃德加"号，以及伦敦的"坎特伯雷"号，都停靠在新城和老卡拉巴尔之间的河流上。奴隶贸易非常枯燥无聊。于是，船长们利用新城和老卡拉巴尔之间的仇恨，以及新城占据的力量上的优势，设计了一个刺激奴隶贸易的计划。经过短暂的协商后，船长们一致同意先佯装调停新城和老卡拉巴尔的敌对关系，邀请老卡拉巴尔的人们卸下武器来到船上商谈。随后，船长们将消息带给老卡拉巴尔的首领以法莲·罗宾·约翰及其弟弟安博·罗宾·约翰，以及其他一些酋长，要求老卡拉巴尔的所有人在特定时间来到船上，并承诺在和平条款制定前，老卡拉巴尔居民可以随意享用朗姆酒。当然，船长们也以名誉担保，会在商谈期间保护老卡拉巴尔居民的安全，让他们安全上岸。

　　老卡拉巴尔的居民知道自己在武装力量上不占优势，因此，他们非常愉快地接受了船长们以和平名义发出的邀请。约定的日子即将到来，老卡拉巴尔一片欢腾。由于某种未说的原因，首领以法莲·罗宾·约翰没有前去参加宴会，但他将自己的一个妻子作为礼物送给了新城的首领。以法莲·罗宾·约翰最年长的弟弟安博·罗宾·约翰与其他二十七个人乘独木舟前去赴约，另有九艘规模相近的独木舟紧随其后。

　　这些独木舟首先拜访了"印度女王"号，并受到了船长貌似衷心的欢迎。领头的独木舟离开"印度女王"号后，又拜访了"埃德加"号和"约克公爵"号。这些船上都有大量免费的朗姆酒。一些独木舟跟在"印度女王"号后面。其他独木舟散落在贩奴船之间，船员人数更多。登上贩奴船的人受到了船主们的慷慨接待，可以畅饮朗姆酒。

　　酒精很快发挥了作用，饮酒者昏昏欲睡，阴谋的最后一幕即将上演。当安博·罗宾·约翰和他的两个弟弟正坐在"约克公爵"号上时，船上的军官和船员突然丢下朗姆酒杯，拿起了早已准备好的火枪、短剑和水战矛，开始袭击毫无防备和手无寸铁的黑人们。黑人们拼命抵抗。安博·罗宾·约翰三兄弟试图从船舱窗户逃出去，但被拖回来带上了手铐和脚镣。在甲板上，奋力反抗的黑人被残忍杀害，逃向栏杆的黑人有的被绊倒，有的被鞭打，有的被刀刺，有的被枪杀。贩奴船附近的独木舟遭到枪击后沉了下去，船上的黑人有的被淹死，有的被拖到贩奴船上，少数人朝岸边游去。

"约克公爵"号上的巨大声响给其他贩奴船发出了信号。大多数贩奴船上的黑人遭到了相同的攻击。随后，新城的居民赶了过来。贩奴船长事先让新城居民隐藏在岸边的红树林里，等到船上发动袭击，他们就可以乘独木舟过来，将准备游到岸边的老卡拉巴尔居民从水里拉上来。嗜血成性的新城居民杀死了很多老卡拉巴尔居民，被杀死的居民数量远多于从水里拉上来的人。在这场由白人策划的袭击中，共有三百多名老卡拉巴尔居民被杀死或沦为奴隶。

然而，故事到这里还没有结束。杀死或捕获水里的最后一个老卡拉巴尔居民后，新城居民划着独木舟驶向贩奴船，前去接受他们应得的奖励。当然，奖励是以每个被捕的老卡拉巴尔居民的人身自由为代价，以及通过一些免费的朗姆酒获得的。但在这种情形下，朗姆酒可能会让新城居民感到羞愧。在"约克公爵"号的另一侧，新城居民想要敌人首领的头颅作为奖励，即被捕的老卡拉巴尔居民中的安博·罗宾·约翰的头颅。然而，得知"约克公爵"号的船长参与袭击只是为了从中谋利，并不关心新城居民的欲望后，新城首领威利·奥尼斯蒂说："船长，如果你能将安博·罗宾·约翰交给我，或砍下他的头，我会将自己独木舟上最健壮的人送给你。然后，你的船就会拥有很多奴隶了。"

安博·罗宾·约翰会说英语，他低着头，双手合拢做出祈祷的姿势，乞求"约克公爵"号的船长将他留在船上。船长虽然承诺会保护安博·罗宾·约翰，但后来还是将他逼到栏杆旁边，砍下了他的头，然后将他的尸体扔给了鲨鱼。

通过背叛和谋杀，贩奴船的船长每人得到了二十五至三十个奴隶。其中，约有三分之一奴隶是在水中被捕的，而且贩奴船长需要付给新城居民一定报酬。

安博·罗宾·约翰的两个弟弟被卖给了西印度群岛的殖民者，但他们设法逃到了弗吉尼亚，后来又逃到了布里斯托尔。"在布里斯托尔，买下他们的船长害怕自己做错了事，打算将他们送回去。"但还未启程，一个从事石油、

## 第 5 章 奴隶海岸

象牙和金粉贸易的承运商听说了大屠杀的故事,依据《人身保护法令》,将两兄弟带到了法庭上。随后,两兄弟重新获得了自由,并回到了老卡拉巴尔。著名的废奴主义者约翰·克拉克森获悉了这段真实故事后,将其作为反对奴隶贸易的支点,取得了巨大成功。但 18 世纪的盎格鲁－撒克逊人并不太认同约翰·克拉克森的做法。

危险的长时间航行将船员们变成海盗的岁月已经过去。随着利润的不断增长,奴隶贩子们有意忽视了外界的反对观点。半个世纪里,奴隶贩子已经从真正努力公正行事的勇士堕落成十恶不赦的奸商。如果人们在对待不如自己的人时,故意忽视公正,那么堕落就会成为无法避免的命运归宿。一个人可能会变得富有,但同时也会堕落到无法用语言形容的地步。

贩奴船上的堕落行为具有传染性。这种堕落会蔓延到贩奴船主身上,而很多船主最初都是基督教徒。他们通过煽动袭击,使自己变成了比积极参与奴隶贸易的船长更臭名昭著的人。社区和国家逐渐腐化。最后,最大的奴隶制国家只能通过可怕的现代战争恢复元气。这一切都能用奴隶贸易进行解释。

18 世纪末,奴隶市场搜集奴隶的方式发生了显著变化,即建立了奴隶临时禁闭处,也就是类似畜栏的地方。奴隶贩子将等待贩运的奴隶驱赶在一起。宣告奴隶贸易非法后,一些驻扎在非洲海岸的巡航舰有效遏制了奴隶贩子的贸易。贩奴船必须通过一种新的快速方式将奴隶运走。他们常常假扮成合法的商船来到奴隶海岸,等到岸边没有巡航舰时,迅速将奴隶装上船运走。为了确保将奴隶迅速装上船,奴隶贩子就近建立了仓库,并在仓库周围竖起了高高的篱笆,筑了很多围栏。每个围栏里关押着数百名奴隶。有时,一个围栏里会有一千多名奴隶,他们绝望地等待贩奴船的到来。

菲利普·德雷克是一个英格兰奴隶贩子,四十年前,他的日记在纽约发表,书名为《一个奴隶偷运者的见闻》。菲利普·德雷克偶然提到了两处著名的奴隶聚集地。这两处奴隶聚集地分别由加利纳斯河上的佩德罗·布兰科和维达的达·苏扎负责。菲利普·德雷克说:"加利纳斯是奴隶仓库和贩奴市场,这里的奴隶是从贯穿几内亚海岸的河流或南部地区贩运来的。加利纳斯河上布满小岛。在其中几座靠海或位于岸上的小岛上,有工厂、奴隶禁闭处、民居和货栈。佩德罗·布兰科的成功吸引了其他十几个奴隶贩子。按照非洲的习俗,除了奴隶禁闭处的负责人和监工,佩德罗·布兰科还拥有许多妻妾以及一大群仆人和卫兵。"

西奥多·卡诺详细描述了佩德罗·布兰科的奴隶禁闭处。具体如下:

> 距河流入海口约三英里处,我们发现了一群小岛。每座小岛上都有奴隶贩子建立的工厂。奴隶贩子组成了强有力的联盟。佩德罗·布兰科的企业位于其中几座布满沼泽的小岛上。靠近河流入海口的小岛是佩德罗·布兰科与外国船只开展贸易的地方,由一位聪明狡猾的绅士负责。另一处更远的小岛是佩德罗·布兰科的住所。有时,他的姐姐会来到这里陪伴他[①]。在这里,受过教育、谈吐优雅的佩德罗·布兰科拥有欧洲或印度群岛能买到的所有奢侈品,过着一种有点儿野蛮的东方生活。一座更远处的小岛是他的宫殿。依照当地风俗,宫殿深处分散住着他最喜爱的女人们。
>
> 奴隶禁闭处由最坚固的树干建成。树干直径约四到六英寸,打入地面以下五英尺。树干之间用两排铁条夹紧,屋顶由类似的树木建成,并做了加固,铺了一层厚厚的细长茅草,使得室内既干燥又凉爽。守望室建在禁闭处的入口处,哨兵拿着火枪在门口站岗。每个奴隶禁闭处由两个或四个西班牙人或葡萄牙人负责看管。我很少见到比他们更卑鄙的人。这是1836年的奴隶禁闭处周围的环境。1839年,佩德罗·布兰科永远离开了奴隶海岸,赚了约一百万英镑。

1840年1月5日的日记中,菲利普·德雷克提到了另一位奴隶贩子。内容如下:

> 达·苏扎被人们称为"查楚"。就像众人称呼的那样,他明显是一个胆大妄为的酒色之徒,但同时是奴隶海岸最精明的奴隶贩子。达·苏扎设计建造了"维达"号,过着国王般的生活。他的房子看

---

[①] 有记载表明不止一个女人因自身原因参与了奴隶贸易。——原注

## 第 5 章 奴隶海岸

上去像宫殿一样,妻妾来自世界各地。赌博投机、宴请宾朋、沉迷酒色是他每天的生活。他的住宅极尽奢华,一定花了不少钱。然而,达·苏扎在达荷美拥有一个奴隶基地,每年有近百艘船为他带来巨额财富。这笔巨资对他来说并不算什么。他几乎垄断了奴隶海岸的奴隶贸易。后来,佩德罗·布兰科成为他唯一的竞争对手……今天早上,我碰到了达·苏扎。他提出要送给我一个妻子,并笑着说:"你可以随意挑选自己想要的妻子,不论是法兰西人、西班牙人、希腊人、切尔克斯人、英国人、荷兰人、意大利人、亚洲人、非洲人还是美国人。"

因此,马修·C.佩里海军准将提到的丝绸和其他精美商品的供应源头就很清楚了。

虽然奴隶的市场价格降到了每人十二至二十美元,但绑架和袭击活动依然没有停止。艰苦的奴隶生活杀死奴隶的速度比奴隶婴儿出生的速度快得多,

达荷美的黑人部落

导致美洲对奴隶的需求只增不减。在美国的一些州，这种情况同样存在。弗吉尼亚和其他州是奴隶的繁殖地，但1858年11月，《狄波评论》发表了一则声明，称1850年路易斯安那州的奴隶人口是二十四万四千九百八十五人。1858年，路易斯安那州审计员在递交给立法机构的报告中说："1850年，奴隶人口为二十六万四千九百八十五人，七年中增加了两万零一百六十七人，或增长了12.5%。"虽然可以偷运非洲土著居民并从奴隶繁殖州输入数以千计的奴隶，但奴隶增长速度每年不到三千人。

西奥多·卡诺说，袭击行动向非洲内陆地区推进了数百英里，但其残忍程度并未加剧，因为现在对奴隶的折磨或侮辱已经残忍至极。奴隶遭受的痛苦不但没有减轻，反而更重了。

奴隶贸易史在一定意义上比较独特。随着文明的发展，其他工业形式中的人们的生活状况越来越好。譬如，在海上，猫不再是用作管教的合法工具，人们也不再强行征用猫，甚至杀牛的方式也变得人道了。但奴隶贸易从开始到结束，奴隶们的遭遇就像无底深渊一样，永无光明之日。

然而，虽然奴隶贸易的全貌正如历史描述的一样黑暗，但其中依然存在温暖的色彩，可以抚慰旁观者的心灵。查尔斯·W. 托马斯是1855年美国海军驻非洲分遣舰队中的牧师，他在一部介绍奴隶海岸的著作中说道："饥荒时期，男人们如果没有可以处置或用来满足要求的奴隶，就会通过抵押自己的方式换取食物。他们具有一定的自我牺牲精神。在家庭面临危难时，家中的一员会走上前，将自己卖给出价最高的人，甘愿去任何地方或接受任何身份。只有这样，他们才能将父母或其他亲属从危难中解救出来。"

# 第 6 章
# 中段航程

## 精彩看点

从非洲航行到奴隶市场——奴隶安放架——奴隶们被迫像"汤匙"一样躺着——贩奴船对戴镣铐的奴隶的影响——扔掉活着的奴隶，向保险商索赔——"荣耀"号上的恐怖事件——"骑士"号和"里昂"号上失明的船员——受尽折磨的奴隶的自杀行为——令人同情的婴儿之死——贩奴船"肯塔基"号对叛乱奴隶的惩罚——以美国总统名字命名的贩奴船中段航程源于一个事实，即奴隶贸易的每次航行都可以分成三段。第一段是从本国港口航行到奴隶海岸，第二段是从奴隶海岸航行到奴隶贸易市场，第三段是从奴隶贸易市场回到本国港口，如纽波特或利物浦。在这三段航程中，只有第二段航程的船上有奴隶。当然，这段航程一直是从东方到西方，而且大部分航线位于热带地区。将奴隶贩运到目的地美洲时也是如此。

18世纪，为奴隶贸易建造的大多数船都有两层甲板。龙骨与低层甲板之间的空间称为下层货舱，甲板之间的空间有时称为上层货舱，但一般称为"甲板之间"。上层货舱是专门用来关押奴隶的。罗德岛殖民地布里斯托尔沃伦地区建造的新贩奴船"货舱高十英尺，上层货舱高三英尺十英寸"。也就是说，在长达三到十个月的货物堆积期间，以及穿越大西洋的六到十个星期内，用来关押奴隶的上层货舱的空间是一个房间。这个房间与贩奴船长宽相等，但只有三英尺十英寸高。在奴隶贸易属于合法行为甚至备受推崇时期，上层货舱经常出现在普通的纽波特贩奴船上。

男性奴隶两两一组，脚踝被脚镣捆在一起，女性奴隶和儿童不用戴脚镣。奴隶被带到关押他们的船舱里，男性奴隶面对着主舱口后部的舱壁，女性奴隶待在船尾。奴隶们被迫躺在船舱里，双脚深出舱外。由于这种姿势，男性奴隶的脚镣通常被固定在锁链或铁杆上，铁杆用U形针固定在甲板上或连接到船舱的天花板上。奴隶们就这样躺着,紧紧挤在一起。实际上,每个奴隶拥有的空间只有十六英寸长,五点五英尺宽。

18世纪下半叶,利物浦的贩奴船一次可以装载三百至五百名奴隶。贩奴船的上层货舱的平均高度是五英尺二英寸。通过测量几艘贩奴船,这一平均高度得到了证实。但并不是说贩奴船上的上层货舱的空间更大,奴隶们会更舒适。事实与此恰好相反,奴隶们在船上备受折磨。精明的人早已研究过有效节省空间的方法。如果上层货舱还有没被占用的空间,那么绝对是不允许的。因此,奴隶贩子在上层货舱的中间立了一层隔板或安放架。隔板通常有六英尺宽。这样一来,隔板上面就可以再躺一层奴隶了。当然,隔板或陈列架下面的甲板上依然密密麻麻躺满了奴隶。隔板或陈列架是用凹凸不平的木材做的,木板之间的连接处并没有密封好。

小型贩奴船没有上层货舱,譬如单桅纵帆船和多桅纵帆船。因此,这类船的甲板下会加装一层临时甲板,以便安置奴隶。为了尽可能少地占据空间,食物和水都放在底舱。船头到船尾的内龙骨恰好在食物和水桶的上面。内龙

贩奴船的构造剖面

## 第6章　中段航程

骨上有一排柱子，柱子通过横梁连在一起，椽子顺着横梁一直延伸到船的四周。椽子上放着普通的未刨平的木板。于是，一层甲板就这样建起来了，并且随时可以轻松移走。

临时建立的甲板与上方甲板之间的高度大多不超过三英尺，甚至有记载称不超过两英尺，19世纪时有的只有十八英寸。

奴隶贸易被宣告非法后，大多数贩奴船都比较小，只有一层甲板。因为奴隶贸易是不合法的，所以当遇到巡洋舰后，贩奴船会假装成购买棕榈油的船。但如果船上有临时搭建的关押奴隶的甲板，就无法蒙混过关了。因此，奴隶贩子会在奴隶准备上船前，匆匆搭建临时关押奴隶的甲板。由于太过匆忙，奴隶贩子通常不会费尽周折竖起柱子，搭建牢固的甲板，最多将椽子或木材放在桶上，然后铺上木板。为了固定木板，他们也许会用钉子四处钉一下，但有时甚至不会钉钉子。随后，奴隶们被带到船上，塞进狭小的船舱里。奴隶贩子从来不考虑奴隶们到底舒不舒服。现在的牲畜运输车上的猪享有的空间都比当时的奴隶拥有的空间大。

事实上，后来的巡洋舰变得越来越警觉。奴隶贩子只能依靠没有搭建临时甲板的贩奴船运输奴隶。奴隶们被一层层堆积在储存食物和水的桶上，直到食物和水用完，桶才会被移走。

宣告奴隶贸易非法前，奴隶贩子们为了安置奴隶，穷尽自己的聪明才智想出了各种惨无人道的办法。为了增加甲板上奴隶的数量，奴隶们被迫侧身躺着。用当时流行的话说，就像"汤匙"一样，一个个胸脯贴着后背。如果上层货舱的空间有两英尺高或更高，奴隶们就可以成排坐着，一个人坐在另一个的大腿上，腿挨着腿，就像雪橇上滑雪的人一样。遇到暴风雨时，船员们不得不关上舱门，密封通向粪池的洞口。一些驻扎在海岸上、禁止奴隶贸易的海军军官称，在极端天气状况下，贩奴船距海岸还很远时，他们就能闻到贩奴船上散发出来的气味，而且这段距离比在晴朗的晚上看见贩奴船的距离更远。在顺风情况下，五英里内，如果闻到这种气味，就一定是贩奴船散发出的。

良心尚存的贩奴船长会将奴隶死亡率控制在1%至2%之间，譬如利物浦的独眼贩奴船长休·克罗。为了减轻奴隶的痛苦，他会为奴隶提供较好的食物和日常衣物,并想办法让他们开心,如弹奏乐器等。约翰·牛顿船长后来成了著名的牧师,他通过自身经历说道:"我很高兴在教堂里做感恩祷告,因为我的非洲航行既没有出现任何事故,也没有人员死亡。在镇上,大家都注意并承认了这一点。我在想这次航行是否是特例……奴隶贸易的确被视为一种文明的职业,并且通常情况下都能盈利。"

其他贩奴船长也能在航行过程中做到没有人员死亡,但这样的航行很罕见。18世纪末,普通的贩奴船船长考虑并不周全,奴隶贩子们对不幸的奴隶也没有丝毫同情。

卢克·科林伍德是"宗格"号贩奴船的船长,"宗格"号的经历很好地说明了以上观点。"宗格"号从圣托马斯出发,驶过非洲海岸,1781年9月6日向牙买加进发。船上载有四百四十名奴隶。由于水量不足,奴隶们因缺水

约翰·牛顿(1725—1807)

## 第6章 中段航程

开始死亡。到达牙买加准备离开时,卢克·科林伍德犯了一个错误,他以为自己正在驶离海地。这时,奴隶的死亡率已经很高,卢克·科林伍德觉得此次航行将无利可图,试图采取一些补救措施。他想起保险商会赔偿所有丢弃的货物。丢弃货物一般指为了减轻船的重量或为了保证船上剩余货物的安全,将一些货物扔入海中的做法。简而言之,如果奴隶在船上因生病或缺水死亡,其损失由贩奴船主自己承担,但如果卢克·科林伍德将其中一些奴隶扔入海中,以便有足够的食物和水养活剩下的人,他就能从保险商那里获得相应的赔偿。

因此,卢克·科林伍德将一百三十二名可怜的奴隶带到甲板上,并将其中一百二十二名奴隶抛入了海中。这些奴隶成了环游在船周围的鲨鱼的美食。看到自己也将被扔进海里时,剩下的挣扎在恐怖和痛苦中的十名奴隶拼命站起来,虽然腿脚抽筋、身体虚弱,但还是踉跄地走到栏杆边,纵身跳入了海中。也许,这种行为能鼓舞其他奴隶结束生命。

"宗格"号将奴隶抛下船

然而，保险商拒绝赔偿卢克·科林伍德。法庭受理了这起案件，陪审团支持贩奴船的要求。副检察长 J. 李拒绝将案件提交给上级法院，并说船长将奴隶扔进海中的"权力不可置疑"。

J. 李说："这是一起关于货物和财产的案件。的确，这也是一起关于丢弃货物的案件。出于保险的目的，奴隶就是货物和财产。"

保险商将案件提交给了上级法院。曼斯菲尔德伯爵威廉·默里主持审判。虽然拥有法律的直接授权，但曼斯菲尔德伯爵威廉·默里还是完全忽视了法律的意义，因为法律的制定与他毫无关系。他屈从自己的人文意识，依据"更高法律"做出了决定，并说道："这是一桩骇人听闻的案件。"曼斯菲尔德伯爵威廉·默里批准重新审理案件，结果使保险商逃过一劫，不用支付赔偿。于是，不公正的法律在被废除前，法庭已经开始违反甚至忽视这些法律了。在奴隶贸易史上，牺牲部分奴隶来挽救其他奴隶的做法非常常见。

威廉·默里（1705—1793）

# 第6章 中段航程

如果想了解普通贩奴船的情况,可以参考菲利普·德雷克的《一个奴隶偷运者的见闻》一书。其中写道:

> 我们离开了佛得角群岛,缓缓向南行驶。与此同时,我们赶上了一艘葡萄牙的多桅纵帆船,与它并肩行驶。这艘葡萄牙船上装满了奴隶,同时还装有金粉。我们的船长鲁伊斯提议袭击这艘葡萄牙船。船员们做好准备,在朗姆酒的刺激下很快征服了葡萄牙船上的人。鲁伊斯船长杀死了一个拥有金子的乘客。一些葡萄牙人通过桅杆上的圆材跳入海中。然而,鲁伊斯船长有一艘配有船员的小船,活着的葡萄牙人在海中一个个被斧头砍倒。很快,金粉和奴隶被转移到了贩奴船上。随后,葡萄牙船沉没了。我们带着一百九十名奴隶上了船,继续向阿克拉进发,在属于达荷美首领的帕波小镇着陆。在帕波小镇,我们发现了六百名黑人,他们正在等待西班牙贩奴船

贩奴船之间的战争

的到来。很快，贩奴船如约而至。鲁伊斯船长用葡萄牙的金粉买了四百个奴隶，继续向大西洋航行。

然而，这是我在沾满鲜血的"荣耀"号贩奴船上的最后一次航程。出发不到两个星期，有人发现粗心的船员忘了换海水。这些海水原本放在较矮的水桶里充当压舱物，本来应该在非洲时换成淡水。发现这件事前，我们正从剩下的水桶里取水。我们面临的恐怖情形使鲁伊斯船长清醒过来，他立刻下令将剩下的宝贵淡水提到主栅栏后面，并让我计算一下剩下的淡水还能撑多久。我觉得一天一及耳①可以支撑到西班牙公海。因此，为了拯救奴隶，船长决定每天给奴隶半及耳水，船员每天一及耳水。随后，奴隶们遭受了比死亡更可怕的折磨。封闭的地牢般的船舱里约有五百个奴隶，他们长期忍受虐待。船员和驾驶员不愿将每天半及耳水分给奴隶，还因自己每天一及耳的水激烈争吵。船上的奴隶密密麻麻挤在一起，空间之小是我从未见过的。水桶里的水不能像往常一样倒给奴隶，因此，我们不得不用半品脱的容器倒水。距栅栏最远的奴隶一滴水也喝不到……死亡迅速降临。没过多久，至少有一百名奴隶与死去的同伴铐在一起。船长和船员几乎都没怎么喝水。死去的奴隶没有被扔入海里。最后，鲁伊斯船长下令将舱口放下，并发誓会按正常配给量供水，然后继续航行，打算用船上剩下的淡水赌一把。

那天晚上，我们喝了很多水，缓解了多日来的口渴，但奴隶们依然被关在下面。第二天，暴风雨来临，我们向前行驶了一百海里。两天后，鲁伊斯船长和四名船员突然患了疾病。这种疾病超出了我的医学知识，我无能为力。他们的舌头肿胀变黑，皮肤变绿，不到六小时就死了。随后，大副和其他三个船员也死了。一个黑人驾驶员患了麻风病，身上布满黄斑，不久也死了。我发现船上弥漫着一股奇怪的恶臭，甲板上飘着水蒸气似的低矮的浓雾。随后，可怕的真相浮出水面。舱口下面腐烂的奴隶引发了这场瘟疫，瘴气随之升

---

① 及耳是液量单位，一品脱为四及耳。——译者注

奴隶在狭窄的船舱里

上来。此时，除了三个船员和我，其他人都感染了瘟疫。我们抛弃了"荣耀"号，乘一叶长舟，带上剩下的水、一袋饼干、一个朗姆酒烧杯和匆忙收集的金粉，以及其他一些贵重物品，匆匆离开了。我们将死去的九个同伴和五个垂死的同伴留在了"荣耀"号的甲板上。航行两天后，我们碰到了洋流，三天后漂到了托托拉岛。

熟悉约翰·格林利夫·惠蒂尔诗歌的人可能会想起《奴隶船》。这首诗是以法兰西贩奴船"骑士"号的经历为基础创作的。1819年，"骑士"号驶向瓜德罗普岛，船上仅有一百六十二名奴隶。一种眼疾迅速在货舱里蔓延。

约翰·格林利夫·惠蒂尔（1807—1892）

## 第6章 中段航程

为了拯救没有患病的人，同时也为了向保险商索赔，船长将三十六名活着的奴隶扔入了大海。然而，眼病继续在船员中肆虐，没过多久，除了一个船员，其他人都失明了。

在这种可怕情形下，出现了一艘帆船。"骑士"号上唯一没有失明的船员将船驶向帆船。很快，这个没有失明的船员看见帆船的船帆全部打开了。虽然甲板上有四处走动的人，但船似乎被抛弃了一样，漫无目的地漂着。"骑士"号船上的人向那艘帆船大喊，然后帆船上所有的船员都涌向栏杆边大声哀求呼救，说他们的船是西班牙贩奴船"里昂"号，奴隶中有人患了眼疾，后来船上所有人都因这种病失明了。

没有失明的船员驾驶"骑士"号到达了港口，但上岸后他也失明了。后来，没有人再见过"里昂"号。

迄今为止，关于中段航程中的痛苦经历还必须补充一点，即奴隶遭受的精神折磨以及船员的故意虐待。事实上，我们今天看见的奴隶贸易的最悲惨后果，就是美国白人对黑人的歧视。这样说一点都不为过。

"鞑靼"号贩奴船的船长亚历山大·福尔肯布里奇说："贩奴船在装配时，已经考虑到要防止奴隶跳入海中。"但栏杆上方的防护网上留有一个洞口，用来倾倒垃圾。许多奴隶从这个洞口跳进了海中。其他奴隶设法藏匿绳纱或结实的麻线，然后做成套索固定在头顶的夹板上，上吊自尽。还有一些奴隶用指甲划破了自己的喉咙。许多想要自杀的奴隶拒绝吃东西，他们遭到鞭打，并被强迫吃东西，但经常不起作用。后来，形成了一个惯例，即所有贩奴船都会携带一个管状用具。外科医生通过这种用具将食物灌入无法吃东西的病人口中。管状用具被塞进了拒绝吃东西的奴隶口中，船员强行将食物灌入奴隶的喉咙。此外，绝食的奴隶的嘴唇会被煤或热铁灼伤，被迫吞下食物。

很多奴隶被鞭打至死。遭到殴打的奴隶们临死前笑着说："很快我们就自由了。"一些奴隶跳入大海，兴高采烈地和朋友们诀别，朋友们也为他们的逃脱欢欣鼓舞。贩奴船长们一遍遍讲述着这些惨绝人寰的故事。

历史记载中最悲惨的一个故事也与贩奴船强迫奴隶吃东西有关。一个不到一岁的小孩不吃为他准备的米饭。船长断定这个孩子不吃饭不是因为生病，而是不想吃。这个孩子一直拒绝吃饭。船长勃然大怒，一把将孩子从母亲怀里拽出来，将一根十二磅重的木棍系在孩子的脖子上作为惩罚。然后，每到吃饭时间，船长就用锚抽打孩子，直到第四天，这个孩子被鞭打至死。后来，船长又拿着鞭子，要求孩子的母亲捡起孩子的尸体扔入大海。起初，孩子的母亲不愿意，但受不了鞭子的折磨，只好捡起孩子走到了船边。她将头转向一边，将孩子的尸体扔进了海里。

这个故事的真实性毋庸置疑。有人在议会委员会面前发誓并讲述了这个故事。奴隶贩子们犯下的所有恶行中，没有哪件事能像这件事一样，对废除奴隶贸易产生了积极影响。

从另一个角度看，一群奴隶在甲板上放风的画面是奴隶贸易中最令人震惊的情景。贩奴船船长知道挤在拥挤的船舱里会引发疾病，因此，他将奴隶带到甲板上，努力使奴隶们高兴起来。他希望奴隶们唱歌跳舞，也看到一些奴隶的确在唱歌跳舞。贩奴船船长不仅用鞭子强迫奴隶们吃饭，还要求他们唱歌。奴隶们一排排站着，当健壮的奴隶贩子拿着鞭子来回走动时，奴隶们就会唱起家乡的歌曲，然后跳舞，没有被缚住的一只脚敲着甲板。

奴隶们相信死后会复活，并能回到家乡，因此，他们想尽办法自杀。一些贩奴船船长砍下死去的奴隶的头或其他身体部位，使尸体残缺不全，并且继续带在船上，然后告诉活着的奴隶，死去的奴隶将不能复活，至少不能享受他们期望中的死后生活。然而，奴隶们听到这些话后，报以轻蔑的笑声。他们是不信仰上帝的异教徒，之前从没听说过基督徒向往的天堂，但他们相信身体虽然"死后会腐朽，但可以在不朽中复活。"也就是说，身体"活着时虽然是自然肉体，但死后会复活为灵性的身体"。但没有人知道死后的肉体如何复活。因此，异教徒奴隶对死后的重生深信不疑。

一个有趣的事实是，奴隶贸易属于合法活动且声誉良好时，一批海盗应运而生。但当奴隶贸易被宣告非法后，一个没有男子气概的种族逐渐出现。据说，19世纪的贩奴船大多从事的是黑人儿童的买卖。当然，儿童的价格没有田野里的成年劳动力那么高。但黑人儿童受到折磨后会畏缩，因此，奴隶贩子不用担心他们会起来反抗。

然而，贩奴船依然运送了许多成人奴隶。美国贩奴船"肯塔基"号就是一艘贩运成人奴隶的船，船长是乔治·H.道格拉斯，大副是托马斯·H.波义

## 第 6 章　中段航程

耳。1844 年 9 月 9 日，"肯塔基"号载着五百三十名奴隶从伊尼扬巴内出发，航行途中遭遇了一场叛乱。叛乱很快被武力平息。但由于害怕再次出现类似的麻烦，船长决定惩罚叛乱的带头人。因此，四十六个男性奴隶和一个女性奴隶被吊起来后枪杀了。

一个船员发誓证实道："奴隶们两人一组，用脚镣和铁链锁在一起。当要吊起他们时，我们会在他们的脖子上套一根绳子，然后拉到帆桁端，远离船帆。这样不会杀死他们，但会让他们喘不过气。随后，他们会中弹身亡，并被抛入海中。如果要吊起被捆在一起的其中一个奴隶，就要在这名奴隶的脖子上套上绳子，将他拉起来，远离甲板。奴隶的一只腿放在栏杆上被砍掉，然后就能与同伴分离了。与此同时，和砍掉一只腿的奴隶捆在一起的同伴抬起一只腿，像前面那样被砍掉，随后，他就可以解脱了。砍掉了腿的奴隶被拉起来，枪杀后被扔入海里。约有十二名奴隶的腿被砍掉了。砍掉的腿落到甲板上时，船员们将它们捡起来扔到海里。有时，船员会朝吊起来后仍然活着的奴隶开枪。此外，奴隶们会受到各种各样的暴打。"

"女奴被吊起来枪杀后，手脚都不听使唤了。因此，船员们将女奴活生生扔入海中，并看她在水中挣扎一段时间逐渐沉入海里。"宣誓作证者还说："随后，船员们又带出约二十个男奴和六个女奴，鞭打他们。一些奴隶遭到鞭打后，腐肉逐渐脱落，伤口直径有六或八英寸，有时甚至有半英寸厚。"

曾有人在美国领事乔治·威廉·戈登面前宣誓，证明这件事是真的。后来，1845 年 5 月 1 日，弗吉尼亚的亨利·A. 怀斯领事与美国国务卿詹姆斯·布坎南进行官方交流时，也提到了这件事。当时，詹姆斯·K. 波尔克任美国总统。在美国第三十届国会第二次会议上，国会众议院第六十一号行政文件和参议院第二十八号行政文件中记录了这件事以及其他类似事件。

亨利·A. 怀斯领事在所署日期是 1845 年 2 月 18 日的一封官方信函中说："我恳求美国总统对这个问题采取坚定的立场。您可能对非洲奴隶贸易中的毫无荣誉的冒险和臭名昭著的暴行，以及惨无人道的滔天罪行没有任何概念。美国的每一个爱国者都会像我一样，因为我们知道并看见了美国公民在航行时将国旗插在可憎的贩奴船上，所以我们为自己的国家感到羞愧。众多国家中，美国是一个代名词，代表唯一为奴隶贸易运送货物的民族……难道因为

詹姆斯·布坎南(1791—1868)

詹姆斯·K. 波尔克（1795—1849）

美国是唯一可以做到这一点的国家，我们就可以允许值得自豪的特权被滥用，并将光荣的国旗变成海盗船的旗帜吗？"

从詹姆斯·布坎南、詹姆斯·K.波尔克或安德鲁·杰克逊政府，到内战时期，美国的政府官员从未为阻止美国国旗掩盖下的滔天罪行付出任何努力。

一个值得注意的事实是，名为"马丁·范布伦"和"詹姆斯·布坎南"的两艘贩奴船与美国的两位总统同名。遗憾的是，这两艘贩奴船没能保存在美国的首都海军造船厂里，以此作为对同名政府官员的纪念，同时也提醒观众，美国除了光荣伟大的岁月，也曾有过令人羞愧的年代。

# 第 7 章
# 奴隶贩子的利润

**精彩看点**

纽波特贩奴船"桑德森"号的一次航行——"事业"号贩奴船的航行利润——"拉福图纳"号的开销和收入明细——巴尔的摩纵帆船获利十万美元——"维纳斯"号获利二十万美元——支付给船长和船员的报酬——奴隶贩运与现代客运

在研究奴隶贸易史的过程中，一些人反复断言奴隶贸易利润丰厚。现在，有人提议以商业的方式给出一些事实证明这一断言。当然，许多航行遇到了困难，但这并不是奴隶贸易的常态，这一点可以充分被证明。18世纪中期，纽波特有一百五十艘贩奴船。这一事实表明，纽波特商人从中获利颇丰。1729年，利物浦只有一艘三十吨重的单桅纵帆船，但1751年，利物浦至少有五十三艘贩奴船，合计载重五千三百三十四吨，从默西河出发驶向奴隶海岸。这说明了利物浦的奴隶贩子逐渐暴富的过程。但还有一些故事比这些概述更有趣。

在奴隶贸易的早期阶段，我们发现，第一艘从纽约出发，直接与非洲进行贸易的贩奴船是"白马"号。这艘船运来的奴隶以平均每人一百二十五美元的价格拍卖售出。黑人奴隶刚到达美洲时身体很虚弱，但为了出售他们，奴隶贩子会给他们治病，并卖一个好价钱。因此，虽然购买者后来损失了一些奴隶，但奴隶贩子还是大赚了一笔。奴隶贩子获得的具体利润已经无从查证，但西印度公司负责人的行为足以证实奴隶贸易利润颇丰。后来，这些负责人垄断了奴隶贸易。

1753年，"桑德森"号的船长戴维·林赛卖掉"健康又健壮"的奴隶时，二十五名奴隶人均价格是三十五英镑，还有三名奴隶每人三十英镑，剩下的

奴隶到达美洲海岸

奴隶在美洲生活的场景

奴隶，除了一个小男孩卖了十五英镑，每人二十一英镑。四十七名奴隶一共卖了一千四百三十二英镑。其余奴隶被运到了纽波特，但没有出售纪录。我们猜测这些奴隶大约卖了二百五十英镑，或者说"桑德森"号所有奴隶一共卖了一千六百八十英镑。

现在还无法确定戴维·林赛此次航行的净利润，但乔治·斯科特在1740年的一封信中说，一个精壮奴隶的价格相当于十二英镑滞销的纺织品的价格。其他文件表明，1753年，一个精壮奴隶的价格相当于一百一十加仑朗姆酒的价格，或十一英镑。"桑德森"号在巴巴多斯售出的奴隶总利润达九百英镑。在别处售出剩下的奴隶后，整个航行的净利润至少有九百英镑。然而，几年前，"桑德森"号曾以四百五十英镑的价格出售。在这次航行中，正如我们已经了解到的那样，"桑德森"号船长透过船头的裂缝可以看到周围的日光。

高尔·威廉姆斯的《利物浦奴隶贸易》一书中提到，1786年，利物浦奴隶贩子共卖出三万一千六百九十名奴隶，获利一百二十八万两千六百九十英

奴隶运抵美洲，白人在检查奴隶的健康状况

## 第 7 章　奴隶贩子的利润

镑。出口到非洲的货物总价值达八十六万四千八百九十五英镑,但供养奴隶花了一万五千八百四十五英镑。因此,贩奴船主人可以获利四十万一千九百五十英镑,但他们必须为船员和船只的磨损支付部分费用。这些花费可以归为"运费",达十万三千四百八十八英镑。但事实上,运费里也包含利润。尽管如此,如果将运费称为花费,净利润可达二十九万八千四百六十二英镑。

这只是估算,给出的是花费的最大值以及销售额的最小值。如果进一步探究,就可以列出一次收获颇丰的航行的利润明细表。

"彩票"号的船长是约翰·惠特尔。这艘船属于利物浦市长托马斯·莱兰先生。1798 年 7 月 6 日,"彩票"号从默西河出发,1798 年 11 月 27 日经过巴巴多斯,船上载有四百六十名黑人,其中四百五十三人被卖出,共获利两万两千七百二十六英镑。这是在支付了所有佣金和费用后,船主获得的总利润。然而,从这笔利润中,必须要扣除作为船只配备费用的两千三百零七英镑十先令,以及运往非洲的货物花费的八千三百二十六英镑十四先令,共计一万零六百三十四英镑。因此,此次航行的净利润为一万二千零九十一英镑,即每个奴隶的利润约二十六英镑。这笔利润是在六个月内获得的。

"彩票"号的另一次航行获利一万九千零二十一英镑。"事业"号载有三百九十二名奴隶,获利两万四千四百三十英镑。"财富"号载有三百四十三名奴隶,获利九千四百八十七英镑。"路易斯安那"号载有三百二十六名奴隶,获利一万九千一百三十三英镑。"花朵"号属于另一家公司,载有三百零七名奴隶,获利八千一百二十三英镑。六次航行平均下来,每个奴隶净利润四十三英镑。除了利润,需要补充的是,在印度西部,当贩奴船返回修理时,货物都会送到利物浦。

其他类似的估算表明,每个奴隶登陆后,利润从十二英镑到四十英镑不等。

奴隶贸易中的一笔重要费用是建造贩奴船的费用。有记载表明,一艘能够运载三百至四百名奴隶的贩奴船的建造费用是七千五百英镑,每次航行后净利润达七千至两万英镑。可以肯定的是,一些贩奴船的航行次数高达五次,直到变得破败不堪才会被丢弃。

奴隶贸易被宣告为非法后,虽然变成了走私贸易,但对其获得的利润来说依然有大量记录。

西奥多·卡诺船长在自传《一个非洲奴隶贩子的二十年》中的第一百零一页，记录了如下内容：

> 因为很少有人通过一次航行获得这么多利润，所以我在这里增补一份账目，即1827年一艘来自哈瓦那的贩奴船的配备费用及航行结束后在古巴的利润结算：

| 外部花销 ||
|---|---|
| 名目 | 金额（美元） |
| 建造九十吨重纵帆船"拉福图纳" | 三千七百 |
| 装配、船帆、木匠和制桶工人的工资 | 二千五百 |
| 船员和奴隶的食物 | 一千一百一十五 |
| 预付给十八个普通水手的工资 | 九百 |
| 预付给船长、大副、水手长、厨师和乘务员的工资 | 四百四十 |
| 二十万支雪茄和五百个西班牙达布隆金币及货物 | 一万零九百 |
| 许可和封口费 | 二百 |
| 5%的佣金 | 九百八十七 |
| 总计 | 二万零七百四十二 |
| 内部花销 ||
| 名目 | 金额（美元） |
| 船长所得人头税：每人八美元 | 一千七百三十六 |
| 大副所得人头税：每人四美元 | 八百七十三 |
| 二副和水手长所得人头税：每人两美元 | 八百七十三 |
| 船长工资 | 二万一千九百七十八 |
| 大副工资 | 一万七千五百五十六 |
| 二副和水手长工资 | 三万零七百一十二 |
| 厨师和乘务员工资 | 二百六十四 |
| 十八个水手工资 | 一千九百七十二 |
| 总计 | 六万四千零二十点四六 |
| 在哈瓦那的花销 ||
| 名目 | 金额（美元） |
| 支付给政府官员的费用：每人八美元 | 一千七百三十六 |
| 船长佣金 | 五千五百六十五 |
| 收货人佣金 | 三千八百七十三 |
| 二百一十七个奴隶的衣服费用 | 六百三十四 |
| 其他各类费用 | 一千 |
| 总计 | 一万二千八百零八 |
| 收入 ||
| 船只拍卖所得 | 一千七百三十六 |
| 二百一十七个奴隶出售所得 | 五千五百六十五 |
| 总计 | 七千三百零一 |
| 总收入 | 八万一千四百一十九 | 总花销 | 三万九千九百七十点四六 | 净利润 | 四万一千四百四十八点五四 |

哈瓦那

如上所述，一艘造价三千七百美元的纵帆船的总资本不到两万一千美元，但在六个月内获得净利润四万一千四百四十八点五四美元。

菲利普·德雷克就相同的话题写了一篇文章，描述了乘纵帆船"拿破仑"号时的一次航行：

> "拿破仑"号是一艘重九十吨的巴尔的摩快速帆船，是速度和对称帆船的典范。"拿破仑"号来自古巴，是一艘新船，仅装有压舱物，而且之前有过两次成功的航行。在佩德罗·布兰科的要求下，我在"拿破仑"号最后一次航行中担任大副和军医。船上载有二百五十名男性黑奴和一百名儿童。船逐渐向古巴市场驶去。据准确计算，这三百五十名奴隶的人均花费是十六美元，在哈瓦那奴隶市场的奴隶人均价格是三百六十美元。如果能够安全送达，以每个奴隶三百六十美元计算，一共可以获利十二万零四百美元。从中减去往返途中花费的两万美元，其中包括佣金，"拿破仑"号的净利润可达十万美元。这就是1835年奴隶贸易取得的巨额利润。

有官方报道[①]描述了巴尔的摩快速帆船"维纳斯"号的首次航行。具体如下：

> 1838年至1839年，我们应当指出的是，关于"维纳斯"号或西班牙称为"布拉甘萨公爵夫人"号的贩奴船，最初的花销是三万美元。船的装配以及每项航行费用包括回航货物的价值，据估计约六万美元。前面已经提到，"维纳斯"号带回了八百六十名奴隶。据说以每人三百四十美元的价格售出，最后的收入约三十万美元，其中三分之二是净利润。

1827年，一艘小型贩奴船的船长在长达六个月的往返航行中，可以获

---

① 参见美国第二十六届国会第二次会议众议院第一百一十五号行政文件。——原注

## 第 7 章 奴隶贩子的利润

得两千美元报酬，大副的报酬为一千美元。对贩奴船上的负责人来说，这是一笔巨资。为了充分理解这一点，我们有必要记住以下事实：即使是现在，许多装载能力高达一千吨的双桅和三桅帆船的船长，每月的工资只有七十五或八十美元，而且这笔钱与以前的工资相比，高出了 50% 或更多。今天横渡大西洋的邮轮的船长一年的报酬在两千美元和三千美元之间。然而，一艘重九十吨的小型贩奴船在六个月里就可以获利两千美元。耗资一百万美元建造的豪华邮轮的特等客舱里，都是一些有钱有势的乘客。航行途中，邮轮会提供一百至一百五十美元的饭菜。在最豪华的邮轮上，一百二十五美元只是一般的住宿价格。1825 年后，一名奴隶的利润不少于二百五十美元，这一数额是乘坐一艘耗资百万的轮船票价的两倍。为了进行公平比较，我们应该指出，奴隶贩子从每个奴隶身上获利三百四十美元，但在非洲仅支付了二十美元。将奴隶运送到古巴后，每个奴隶可以获利三百二十美元。除去航行中的开销，每个奴隶的净利润会减少到二百五十美元，正如邮轮的净利润会因为航行中的开销降到每位乘客二十五美元一样。

一艘三桅运奴帆船即将停靠美洲海岸

然而，开诚布公地说，奴隶贩子从非洲运送一个奴隶到古巴，至少会获得净利润二百五十美元。如果价值一百万的邮轮拥有者愿意以一百二十五美元一位的价格运送尊贵的乘客，那么奴隶贩子一定会选择在清洁舒适的环境中运输奴隶，且每次航行仍然能从投资中获利50%至100%。因此，显而易见的是，从非洲到西印度群岛的奴隶运送过程中，中段航程的恐怖事件不一定会发生。

# 第 8 章
# 有关贩奴船的立法

**精彩看点**

对进口奴隶征税——英国从未将奴隶贸易强加给美洲殖民地——佐治亚殖民地的奴隶史

  在美洲历史上，可以使一个爱国研究者成为彻底的悲观者的事件，只能是与奴隶立法有关的事件。相比其他章节，这一章更令人悲伤，甚至愤怒。然而，如果我们考虑到一个事实，即经过二百四十二年对黑人的压迫和掠夺后，我们终于通过法律形式承认了黑人至少享有生命、自由和追求幸福的权力。我们对这一时刻的到来充满信心。我们将充分理解并依照神的指令行事，即"你们要像爱自己一样爱自己的邻居"。

  18世纪，英格兰政府为了英格兰航运的利益，全力支持奴隶贸易。这一点可以通过政府拨款以外的其他事实证明。1729年至1750年，为了在非洲海岸建造、修理和维持要塞及奴隶集散地，英格兰议会曾拨款九万英镑。然而，与此同时，美洲殖民地是否出于道德考虑才抵制和压制奴隶贩卖，则是完全不同的另一件事。

  谈到与上述问题相关的事实，我们发现1709年，纽约开始对从其他港口运送来的奴隶征收关税，每人三英镑。据说这笔关税的目的是禁止奴隶贸易。

  关于这个话题，贝勒蒙伯爵理查德·库特曾写信给参与奴隶贸易的商人们。他写道："我建议去几内亚贩运黑人。在几内亚买下黑人，然后运送到这里。其间产生的所有费用，如果按纽约货币计算，每个奴隶需要花费十英镑。如果国王可以成为商人，并且所有的管理费用都由他负责，那么投入一美分至少会获得五十英镑利润。"

征税是为了促进直接贸易。1716年，罗伯特·亨特总督解释了殖民地征收的一项税款。他说："对来自其他殖民地的黑人征税是为了鼓励这些殖民地自己运输黑人，并抵制它们一贯的做法，即从其他殖民地进口虚弱多病的黑人。"

事实上，纽约虽然最终废除了奴隶制，但从未对纽约市民的贩奴船采取任何措施。

1708年，罗德岛殖民地对所有进口的黑人征收每人三英镑税款。据称，征收这笔税款的目的是限制奴隶贸易。因此，这项法令常被用来证明罗德岛人对奴隶贸易充满道德感。然而，征税的真实目的是殖民政府可以从奴隶贸易中分享一部分利润。第一次铺建纽波特街道的费用就是源于这笔税款。

乔治·H. 摩尔在《马萨诸塞州奴隶制史》中指出，1701年，选民"希望波士顿的代表能促进鼓励引入白人奴隶，同时停止将黑人变成奴隶"。虽然选民的这一意愿并未成为立法，但足以证明人民渴望废除奴隶制。事实上，波士顿的选民受到了商业原则的驱动，就像新泽西的类似立法一样。

此外，"1703年的法律第二章禁止'解放黑人奴隶'"。吝啬的奴隶主已经开始"解放年老或体弱的奴隶，以便缓解奴隶主供养这些奴隶的压力"。

1705年，马萨诸塞殖民地制定了贩奴船法案。法案中的一项条款规定，每进口一名奴隶需缴纳四英镑税款。这部法案看上去是为了遏制奴隶贸易，但实际上"是为了更好地预防人为制造的争端"。令人震惊的是，拥有清教徒血统的年轻男子喜欢黑人女性。法案的另一项条款规定，如果奴隶进入海关后出口，可以退还税款。这一法案的真正意图是使殖民地分享奴隶贸易的利润，同时鼓励奴隶贩子将波士顿变成美洲奴隶贸易的票据交换所。

杜·博伊斯教授指出，美洲中部殖民地和南部港口规定，如果重新装载奴隶，政府会退还不超过50%的税款。然而，研究者需要认真考虑这一规定。这不是道德问题，也不是希望禁止奴隶贸易的问题。中部殖民地和南部港口只是不急于促进海上运输，而且并未受到贩奴船主的太大影响。

1713年，新泽西殖民地对每个进口奴隶征收十英镑关税，似乎真正想要禁止奴隶贸易。这项法律看上去是真诚地试图废止奴隶贸易，因为它确实没有表达想要分得利润或促进航运或干涉其他殖民地贸易的意愿。然而，知道真实原因后，我们发现，这项法律"旨在鼓励进口白人奴隶，以便引入品种更优良的人种"。

在新泽西殖民地和其他殖民地，虽然不太明显，但依然可以清楚地看到，获得自由后，能够成为有进取心的公民的白人奴隶比非洲黑奴更能给殖民地带来好处。黑奴一生都是奴隶，一生都是劳动者，其价值与一匹马的价值相当。但大部分白人奴隶通过努力成了商人，他们通过开发国家的自然资源为国家建设做出了贡献。

上述事实说明，新泽西殖民地表面上禁止奴隶贸易的立法，实际上与其他殖民地的立法一样，严格意义上依然是建立在商业利益基础上的。真正的问题是，在白人奴隶和非洲黑奴中，谁带来的回报更丰厚。

1712年，宾夕法尼亚殖民地通过了向进口奴隶征税的首部法律。该法律带有禁止性质，并表明了其目标。法律首页说："美洲岛屿和大陆上经常发生黑人预谋跳水逃跑或频繁暴乱的事件。一些殖民地居民被残忍杀害。这些事与我们在纽约殖民地经历的事情相似。"因此，这部法律最后规定，每个奴隶征收二十英镑税款。

由于害怕奴隶为争取自由发动暴动或复仇，宾夕法尼亚人决定不再进口奴隶。因此，清醒的专制统治者的怯懦刺激了宾夕法尼亚殖民地的立法者。

1698年，南卡罗莱纳殖民地也发生了类似的事情。据说，"最近进口到殖民地的大量黑奴可能会危及社会安全"。随后，一部鼓励进口白人奴隶的特别法律通过。几年后，西班牙国王和英格兰女王也开始干涉奴隶贸易，对进口黑奴征收重税，因为"黑奴的数量急剧增长"，"危及到了一些殖民地的安全"。1717年，英属殖民地针对每个进口黑奴征收四十英镑税款，大大减少了美洲的黑奴进口量。1719年，税款变为十英镑。1734年，南卡罗莱纳殖民地有两万两千名奴隶，白人奴隶不到八千人。这种状况对白人来说是严重的警告，尤其是黑奴企图暴动的时候。

一个名叫加图的黑奴领导了斯通诺暴乱，使进口奴隶的税款一度达到了每人一百英镑。后来，1760年，由于担心黑奴暴乱，南卡罗莱纳殖民地禁止进口奴隶。

善良的英格兰人建立了佐治亚殖民地，为许多因债务纠纷被囚禁的人提供了避难所。这些犯人不幸陷入困境。1732年6月9日，佐治亚殖民地颁发了特许执照，称佐治亚将会成为"一个发展丝绸、酒业、石油和药品的殖民地"。佐治亚殖民地坚决禁止黑奴制度。

托马斯·朗德尔是一名神职人员。1733年2月17日，他在圣乔治布道时说："让贪婪为自己辩护吧！因为人类并不愿意反对买卖我们的同类，并不反对将我们的同类视作财富和财产。"托马斯·朗德尔是佐治亚殖民地的主要推动者。他补充说，奴隶贸易"违背了福音书，也违背了英格兰的基本法律"。"作为牧师，我拒绝通过法律允许这样恐怖的罪行存在。"

谈到关于朗姆酒和黑奴的规定时，杜·博伊斯教授动情地说："佐治亚殖民地是一个典范。具有博爱之心的殖民地建立者们制定了一套超出居民预期的更高的道德准则。"

詹姆斯·奥格尔索普是非洲皇家公司的副总裁。然而，事实上，该公司与西班牙签订了著名的《阿西昂特条约》，拥有垄断奴隶贸易的特许权，并承诺三十年内，每年单独将四千八百名奴隶或共十四万四千名奴隶运送到西班牙殖民地。詹姆斯·奥格尔索普发表演说宣称奴隶贸易是"恐怖的罪行"时，非洲皇家公司已经向美洲殖民地运送了四千八百多名奴隶。詹姆斯·奥格尔索普在萨凡纳河北部四十英里，南卡罗莱纳殖民地的鹦鹉螺附近，拥有一个种植园，很多奴隶在那里劳作。与后来的许多美国人一样，詹姆斯·奥格尔索普宣称奴隶贸易是"恐怖的"，但他又是当时最积极的奴隶贸易参与者之一。约翰·奥斯丁·史蒂文斯在《佐治亚州史》中得出的结论极具说服力。他说："是政策而不是博爱之心禁止了佐治亚殖民地的奴隶贸易。"这项政策指的是在佛罗里达殖民地的西班牙军队与卡罗莱纳州的英属殖民地之间安放一个"缓冲器"，或者说是一支哨兵部队。卡罗莱纳殖民地的人认为，如果西班牙人入侵卡罗莱纳殖民地，那么殖民地的奴隶是一个巨大的不利因素。白人殖民地应该扮演令西班牙人敬畏的警戒部队的角色。

然而，佐治亚殖民地并不仅仅是作为一个白人定居点繁荣起来的。在殖民者的迫切要求下，佐治亚殖民地最终引进了奴隶。

如果省略殖民政策的一些细节，总的来看，除了佐治亚殖民地，其他殖民地都曾对进口奴隶征收了税款，而且在一定程度上，这种所谓的限制措施

黑人奴隶在种植园劳作

也起到了禁止奴隶贸易的作用。但如果承认上述观点，我们就必须指出，对奴隶征收的每一笔税款要么是因为贪婪，譬如为了让殖民地政府分得利润，要么是因为有人认为从商业角度看，白人奴隶能更好地建设殖民地，要么是因为殖民者对黑人的压迫或恐惧。殖民地立法机构通过的法案中，没有一部法案表达了对奴隶贸易邪恶本质的关注，或试图将奴隶贸易彻底废除。有人可能认为，美国现在对进口的毛织品征收税款说明美国人依然憎恨牧羊人，并希望消除世界上的羊毛买卖。就像有人认为，对殖民地的奴隶贸易征收税款是对根除恐怖的奴隶贸易做出的真诚努力。当时，世界文明并不发达，不足以讨论奴隶的权利问题。直到1772年，英格兰的废奴主义者格兰维尔·夏普提出了一个关于奴隶权利的问题。英格兰法庭受理并裁决了这个问题。一些人宣称，英格兰人曾强迫美洲殖民主义者参与奴隶贸易，这一论断纯属无稽之谈。

# 第 9 章
# 禁止奴隶贸易的早期活动

**精彩看点**

狂热分子们的言行——贵格会教徒——通过受洗获得自由的奴隶——解救奴隶者格兰维尔·夏普——詹姆斯·萨默塞特案件——与实际商业意义不相符的政策——《独立宣言》与黑人

当约翰·霍金斯骄傲地告诉英格兰女王伊丽莎白一世，自己如何"通过武力或其他手段"从几内亚海岸获得了三百个黑奴，继而将他们运到大西洋沿岸出售，并获得了利润时，伊丽莎白一世的内心被触动了。透过"巨额利润"，她仿佛看到了黑奴们惨遭武力胁迫，被迫离开家乡的画面，并将这种行为称为"是令人可憎的"。那一刻，伊丽莎白一世显得头脑清晰，富有真知灼见。一个作家用文字记录下了伊丽莎白一世的话，这些话在海军发展史上经常被提及。

伊丽莎白一世的话记载在书籍上，这一事实的重要性需要特别强调一下。读者将会想起托马斯·卡莱尔对数百万缄默的人民的描述。这些人的痛苦遭遇使法兰西革命成为可能。与此相对应的是，数百万人拥有权力，少数受到不公正待遇的人的尖叫声不绝于耳。当伊丽莎白一世的反对意见记载在书籍上时，缄默的黑奴们的悲惨遭遇才被世人知道。

与此同时，在英格兰蓄奴传教士协会的牧师摩根·戈德温的著作《为黑奴和印第安人辩护》中，人们再次听到了黑奴的呼声。理查德·巴克斯特的《基督教指南》给"那些在殖民地种植园拥有黑奴或其他奴隶的园主提供了建议"。

牧师们正在播种善良的种子。宾夕法尼亚贵格会教徒开始了这项工作。

托马斯·卡莱尔（1795—1881）

理查德·巴克斯特(1615—1691)

1693年8月13日,在"费城的月会"上,贵格会教徒"对那些买卖黑奴的朋友提出了劝告和警告"。

贵格会教徒反对"将奴隶终生监禁",并明确陈述了几条原因。其中第五条称:"因为奴隶和人的灵魂是罪恶城市的商品,所以商人们变得越来越富有。"

沃尔特·A.威科夫的著作《工人们》是一本珍贵有趣的书,书中形象描述了作者观察到的布道对芝加哥教堂会众的影响。作者也加入了教堂的布道,亲眼看见了劳动者在会众中的遭遇。布道者非常真诚,听众也十分专注。作者描述说:"对他们来说,不幸似乎不再是穷人有形的痛苦。通过日益加深的手足之情,不幸变成了他们自己的痛苦,这种痛苦必须通过有效的帮助形式治愈。因此,一种信念日趋产生,即如果我们能为民众指一条'出路',提出一件符合实际的具有商业意义的事,那么民众的反应将会不可预测。"

上述引言强调了贵格会教徒在1693年做的工作。他们既没有询问也没有思考怎样才能符合实际的商业意义。在贵格会教徒的宣言和思想中,找不到一个可以说明"奴隶贸易的正当之处"的观点。许多人和贵格会教徒一样,拒绝考虑商业利益,只询问什么是正义的事情。

1645年,波士顿的一个奴隶贩子通过武力手段劫掠了非洲的一个村庄。因为贩奴船船长与船主们发生了争吵,所以这个故事公开呈现在了法庭上。听完这个故事后,地方法官理查德·索顿斯托尔宣布说,船长和大副犯了谋杀罪、偷盗人口罪以及破坏安息日罪,所有罪行"根据上帝之法应判犯罪人为死刑。"在美洲殖民地,这是第一次有人因在非洲偷盗奴隶被判死刑,也是第一次在漫长的奴隶审判中,因技术型细则释放了张狂的奴隶贩子。法庭最终宣布,自身对殖民地公民在非洲海岸犯下的罪行没有司法权。

另一起值得注意的案件发生在1767年。西印度群岛的英格兰种植园主回国时携带了作为随从的奴隶。1727年,种植园主遭遇困境,因为奴隶们想方设法地逃避服务。黑奴们看到英格兰白人奴隶拥有一定的自由,于是开始逃跑。奴隶主不得不去寻找逃走的奴隶。后来,黑奴中流传着一个谣言,即依据英格兰的法律,接受过官方教会洗礼的人都是自由人。随后,黑奴们匆忙赶去官方教会接受洗礼。

## 第9章 禁止奴隶贸易的早期活动

理查德·索顿斯托尔(1586—1661)

这部法律的字面意义和精神实质都很明了,但首席检察官和副检察长在一些奴隶主的要求下,写下了一份意见,即奴隶受洗不能剥夺奴隶主对奴隶的财产权。这份意见作为法规维持了近四十年。

1765年,一个叫戴维·莱尔的巴巴多斯种植园主来到伦敦,并带了一个叫乔纳森·斯特朗的黑奴,寄宿在沃平。戴维·莱尔残忍地虐待乔纳森·斯特朗,任凭他流落街头,就像将一只没有利用价值的狗抛弃在街头一样。

当时,威廉·夏普也在沃平。他花了大量时间做慈善工作。黑奴乔纳森·斯特朗设法找到了威廉·夏普的办公室。威廉·夏普听说了他的遭遇后,将他送到医院,为他治好了伤。威廉·夏普的一个兄弟叫格兰维尔·夏普,"1735年11月10日出生在英格兰的达拉谟,早年没有受过多少教育。1750年,他给公谊会的一个教友当学徒,后来又先后向一个无党派政治家和一个天主教

威廉·夏普（1729—1810）

徒拜师学艺"。乔纳森·斯特朗的故事吸引了格兰维尔·夏普。乔纳森·斯特朗出院后，格兰维尔·夏普为他提供了住宿。一天，乔纳森·斯特朗以前的主人戴维·莱尔看见了他，并立即决定要再次将他据为己有。为了达到目的，戴维·莱尔绑架了乔纳森·斯特朗，然后以三十英镑的价格将他卖给了一个叫约翰·克尔的人。

虽然遭到了监禁，但乔纳森·斯特朗还是想方设法派人请来了朋友。格兰维尔·夏普拜访了罗伯特·凯特市长，"恳求他派人救出乔纳森·斯特朗，并审理他的案件"。

于是，乔纳森·斯特朗的案子得以审理，他被解除了监禁，理由是他遭到了绑架。这起案件是一次真正的技术性抗辩。格兰维尔·夏普救了乔纳森·斯特朗，但这起案件并没有推动建立值得一提的律法。讲述这个故事主要是因为格兰维尔·夏普在这起案件中所做的努力。这是他首次为黑人辩护。后来，他继续做了许多伟大的事情。

很快，格兰维尔·夏普发现自己有许多解放奴隶的工作要做。这些工作都是对人们合法获得的财产的攻击，不符合所有人的商业意识。因此，对格兰维尔·夏普来说，正义鼓舞他说出了自己的信仰，使他决定从事这份不同寻常的职业。在一封写给卡里斯福特勋爵约翰·普罗比的信中，格兰维尔·夏普写道："这就是我的政治纲要。我可以将这些纲要置于一个很小的范围内。我完全相信，在任何情况下，我们应该坚持和维护正义，不必考虑任何可能出现的后果。"

这是格兰维尔·夏普首次对废奴主义者们口中的"更高的法律"做出声明。

1769年11月，弗吉尼亚种植园主查尔斯·斯图尔特将一个叫詹姆斯·萨默塞特的奴隶带到了英格兰。詹姆斯·萨默塞特在英格兰逃跑了，但又被抓了回来，关押在一艘名为"玛丽和安"的船上。查尔斯·斯图尔特打算前往牙买加卖掉詹姆斯·萨默塞特。得知这一事件后，格兰维尔·夏普依照常规的法院令状从船上带走了詹姆斯·萨默塞特。人们一致认为这起案件将引发一个广泛的问题，即"一个非洲奴隶来到英格兰后能否获得自由"。

这是一起即将轰动整个英格兰的案件，因为它公开攻击的对象不仅是遥远殖民地的种植园主，还包括英格兰的所有对外贸易。英格兰的对外贸易借助奴隶贸易的利润，得到了发展、资助和改善，最终在海上取得了霸主地位。更糟糕的是，这起案件也是对许多利益集团的攻击。酿造朗姆酒的酿酒厂、生产绳子和船帆以及其他船上装备的工厂，甚至为非洲奴隶贸易生产衣服的曼彻斯特的工业，都希望奴隶贩子们可以获得成功。

法庭上，国家财富和社会权力构成了一方，胆怯的黑奴和格兰维尔·夏普构成了另一方。曼斯菲尔德伯爵威廉·默里穿着长袍主持审判。

1772年1月至1772年6月，在法庭上，假装对奴隶贸易视而不见的法官一直非常公正。博学的辩护律师利用专业知识和法令瑕疵进行辩护，用激烈而诚恳的语气打破了平衡。随后，代表受压迫者的辩护律师打破了僵局。虽然审判现场很嘈杂，但格兰维尔·夏普的声音依然很响亮。他说："正义会在英格兰获胜吗？"

格兰维尔·夏普的话音刚落，法庭突然寂静下来，似乎刚才是上帝在说话。随后，法官举起了剑。当怯懦的黑奴与傲慢的奴隶主安静听候判决时，被委任发言的法官说道："古老惯例产生的具体场合、原因、机构和时间变得模糊不清后，留存下来的只有积极的法则。必须严肃对待奴隶们遭到非人待遇的案件。如果将这类案件与自然原理联系起来，那么奴隶制的存在就会显得完全不合理。通过奴隶贸易获得收益的权力是不合法的。英格兰法律禁止任何人通过奴隶贸易获取利润。因此，必须释放这名奴隶。"

从1772年6月22日开始，奴隶贩子失去了英格兰登陆地。当贩奴船上载有奴隶时，英格兰禁止贩奴船临时停靠在港口。无关商业利益，奴隶贸易终于受到了限制。

詹姆斯·萨默塞特的案件限制了奴隶贩子的活动范围。这起案件在公共谈话中引发的轰动具有强大影响力。需要指出的是，当时，按照英格兰及其殖民地的法律，如果在公共书刊上揭发奴隶主虐待奴隶的真实事件，就会被视为一种中伤，除非这个故事确实是第一次出现在公开法庭上。没有蓄奴的英格兰人通过格兰维尔·夏普带上法庭的案件，从法律角度了解了奴隶主对待奴隶的真实情况，也让他们开始思考拥有奴隶是否正确。

格兰维尔·夏普为了一个不幸的黑奴而战，从而为在英格兰讨论奴隶制和奴隶贸易的合法性铺平了道路。因为有了格兰维尔·夏普，所以缄默的黑奴开始向奴役自己的种族呼吁，希望他们找回丢失的公正和仁慈。

当时的美国听不到黑奴对公正和仁慈的呼吁，但人们要求获得普遍的自由，这种要求通过加农炮的轰鸣即美国独立战争，在全世界广为人知。

当殖民地居民团结起来反抗英格兰的压迫时，关于奴隶和奴隶制的讨论使他们想起了自己的处境。于是，他们开始将注意力转向黑奴。1774年10月20日，殖民地居民签署了一份协定，表示他们"从1774年11月起，不再购买进口奴隶。之后，他们将全面停止奴隶贸易，不再关注奴隶贸易，不再租用船只，也不再将商品或制造厂卖给从事奴隶贸易的人"。

# 第 10 章
# 宣告奴隶贸易非法

> **精彩看点**

英格兰的废奴主义者——奴隶贸易被宣告为非法——奴隶贸易和美国《宪法》——妥协制度导致了美国内战——各殖民地的奴隶贸易立法——1807年的法案

依法废除奴隶贸易前，从马萨诸塞殖民地到佐治亚殖民地，虽然英国在美洲的殖民地已经了现在的美国，但为了论述奴隶贸易的历史，我们有必要将英国及其美洲殖民地视为整体，详述一下奴隶贸易的进程及其面对的对手。

1772 年，英格兰虽然就詹姆斯·萨默塞特一案宣布了一项著名的决定，即正义应当在英格兰获胜。但直到 1787 年，废除非洲奴隶贸易协会才在伦敦成立。然而，早在 1783 年，没有特别组织机构的废除奴隶贸易协会或委员会已经成立，成立的直接原因是前面提到的"宗格"号贩奴船事件。

1783 年 7 月 7 日，废除奴隶贸易协会召开了第一次会议，目的是"探讨采用何种措施帮助和解放西印度群岛的黑奴，阻止非洲海岸的奴隶贸易"。经过这个私人协会的努力，1787 年 5 月 22 日，废除非洲奴隶贸易协会成立，格兰维尔·夏普担任主席，托玛斯·克拉克森是协会中最活跃的人物之一。由于托玛斯·克拉克森的努力，威廉·威尔伯福斯成了一名支持废除非洲奴隶贸易协会的英格兰议员。奴隶贸易支持者的领头人是克莱伦斯公爵，即后来的威廉四世。这一事实为我们了解奴隶贸易的支持者提供了依据。

关于废除奴隶贸易协会召开会议并公布上诉的过程，以及奴隶贩子们被迫回应但拿不出有说服力的论据一事，我们知之甚少。但 1776 年，来自赫尔的议会成员戴维·哈特利在议会提出了一项动议，即"奴隶贸易违反了上帝

托玛斯·克拉克森
（1760—1846）

威廉·威尔伯福斯
（1759—1833）

威廉四世
（1765—1837）

戴维·哈特利
（1732—1813）

的法令和人权"。为了获得议员们的支持,戴维·哈特利将贩奴船上用于束缚奴隶的脚镣放在议会的桌子上。乔治·萨维尔表示支持这项动议,但依然没有人愿意倾听奴隶们的遭遇。

1783年,废除奴隶贸易协会开始采取行动,尽其所能管理奴隶贸易。1783年的法案没能通过,但在废奴主义者的不懈努力下,"1788年2月11日,英王乔治三世在发给政务委员会的命令中指出,枢密院应该设立一个贸易委员会,认真考虑非洲奴隶贸易的现状,尤其是非洲海岸购买或获取奴隶的方式,以及西方市场上奴隶的进口与销售"。

乔治三世(1738—1820)

## 第10章 宣告奴隶贸易非法

1788年5月9日,英国议会进行了第一次真正有关奴隶贸易的讨论。小威廉·皮特①提出了一项动议,大意是下次会议时再充分讨论奴隶贸易,这一动议得到了支持。

然而,威廉·多尔宾并不同意在没有提出任何有效决议的情况下结束会议。因此,1788年5月21日,他请求提出一部法案。"这部法案的目的仅仅是限制贩奴船上的奴隶数量,防止船舱里过度拥挤,以便为奴隶们提供足够的食物,同时关注其他与奴隶健康和住宿相关的问题。只有议会真正关注这个问题的价值,才能改变奴隶贸易的现状。"

小威廉·皮特(1759—1806)

---

① 小威廉·皮特(William Pitt the Younger,1759—1806),1783年成为英格兰史上最年轻的首相,时年二十四岁。1801年辞去首相职务,1806年再次当选首相,不久离世。——译者注

奴隶贩子们立即提出抗议，称任何限制都将毁掉奴隶贸易。与此同时，小威廉·皮特已经派皇家海军上校帕里到利物浦调查贩奴船。调查结果表明，许多贩奴船上的奴隶数量比法案规定的数量少，但船长都获得了丰厚的利润。此时，人们才知道，贩奴船上拥挤在一起的奴隶的人均占有空间十分局促。

1788年6月17日，英格兰下议院以五十六票比五票的投票结果通过了一部法案。根据该法案，通过海关的测量后，每艘载重一百五十吨以下的贩奴船，两层甲板间的空间是五英尺，每三吨可以运载五人。每艘载重一百五十吨以上的贩奴船，两层甲板间的高度相同，容纳奴隶的数量也相同，每两吨可以运载三人。

虽然反对声越来越多，但该法案还是在上议院得到了修正。议会强行规定每艘贩奴船上必须有受过正规教育的军医，同时，在中段航程中，奴隶死亡率低于2%的贩奴船船长会得到奖金。在1788年7月10日，第一部为残忍的奴隶贸易带上镣铐的法案被提交到了英王乔治三世手中。1788年7月11日，英王乔治三世签署了这部法案。

随后，议会对奴隶贸易展开了调查，公众得以全面了解了奴隶贸易的恐怖。如前所述，奴隶贩子的贪婪加深了奴隶贸易的恐怖程度。如果奴隶贩子能够为奴隶们提供好的住宿条件，也许可以延迟即将到来的命运，但他们被贪婪蒙蔽了双眼。1792年4月27日，下议院以一百五十一票比一百三十二票的投票结果通过了废除奴隶贸易的决议，但上议院没有通过这项决议。

1793年，废奴主义者在英格兰下议院和上议院均遭遇失败。1794年，他们在下议院获得了成功，但上议院依然没有通过决议。后来，废奴主义者开始竭力阻止英格兰轮船从事奴隶贸易，但也失败了。1799年，废奴主义者做出了最大努力，依然以失败告终。此后，议会没有再为奴隶贸易做出任何重要举动。直到1804年，议会开始重新商议奴隶贸易。下议院通过了一部法案，但被上议院再次否决。

然而，1805年，"政务委员会颁布了一项法令，禁止奴隶贩子向英国新征服的殖民地进口黑奴"。随后，首席检察官A.皮戈特作为英国军官，于1806年3月31日提出了一项议案。这项议案的首要目标是使1805年的禁令生效，第二个目标是"禁止英国国民参与将奴隶进口到其他国家的殖民地的

# 第10章　宣告奴隶贸易非法

贸易",第三个目标是"禁止英国国民和伦敦被人利用,在外国船上开展奴隶贸易",同时防止外国奴隶贩子在英国港口装配船只。该议案首次瓦解了残忍的奴隶贸易,并立即在下议院获得了通过。随后,1806年5月7日,上议院通过了该法案。与此同时,英王乔治三世也签署了法案。人性即将获得胜利。1806年11月,议会解散,但公众的观点已经改变,认为著名的废奴主义者威廉·罗斯科会从重要的贩奴船港口利物浦来到英国,参加即将召集的新议会。新议会任期很短,但通过了一部法案,宣告在1807年5月1日后,禁止任何船从英国自治领地的任何港口买卖奴隶,1808年3月1日后,任何奴隶不许在英属殖民地登陆。1807年3月25日,英王乔治三世签署了这部

威廉·罗斯科(1753—1831)

法案。这场斗争从1787年废奴主义者建立废除奴隶贸易协会开始,历经二十年,终于取得了胜利。

在说英语的国家,这并不是第一次通过法律禁止奴隶贸易,却是第一次出于人道主义制定禁止奴隶贸易的法律。

从美国的角度来看这起事件的进程时,"联邦国会几乎没有触及有关奴隶贸易的问题","只是在摊派税收、清点奴隶和自由人的数量时"提到了奴隶贸易。然而,当联邦国会最终采纳了相关条款后,美国也制定了一部法律。根据这部法律,所有逃亡的奴隶,无论是在海上被捕,还是在高水位线以下的海滩被捕,除了有主人认领的奴隶,其他奴隶都将获得自由。

联邦法律条款实施以来,国会发现这些条款并不足以实现维护国家统一的目标,奴隶贸易也并不是国家立法的对象。然而,当时,召开制定《宪法》的大会时,与会人员对奴隶贸易进行了公正的讨论。没有人知道奴隶制将何去何从。但总的来看,人们相信奴隶制终将被废除,注定会从美国清除出去。

公正看待大会召开期间的讨论,会发现如果不是因为佐治亚州和南卡罗莱纳州的代表,《宪法》可能会禁止奴隶贸易。特拉华州、马里兰州和弗吉尼亚州的代表都谴责奴隶贸易,尽管他们都是蓄奴者。弗吉尼亚州的乔治·梅森称奴隶制是"地狱般的"。佐治亚州在当地政府的统治下,曾因缺乏奴隶遭受了财政损失。因此,佐治亚州一直支持奴隶制。

当时,南卡罗莱纳州的人民可能受到了州权主义的影响,因此,他们拒绝进口奴隶。实际上,南卡罗莱纳州后来暂时禁止了奴隶贸易。显然,南卡罗莱纳州将奴隶贸易的控制权交给了自己一直反对的联邦政府。

如果明令禁止奴隶贸易,佐治亚州和南卡罗莱纳州可能会拒绝加入联邦。康涅狄格州的罗杰·谢尔曼说:"与其与南部各州分裂,不如让它们进口奴隶。"

因此,美国奴隶制立法的基础由此奠定。这一立法基础一直持续到内战爆发。可以肯定的是,如果不是因为各州的妥协,美国可能会成为两个国家,而不是由各州组成的统一国家。

基于以上无可争辩的事实,同时基于美国的历史,读者应该如何看待格

乔治·梅森(1725—1792)

罗杰·谢尔曼(1721—1793)

兰维尔·夏普宣称的原则呢？格兰维尔·夏普说："我们应该坚持和维护'正义'，不必考虑任何可能出现的后果。"

我们应该记住，制宪会议主要是从经济角度讨论奴隶问题，而且为了表面上的好看，宪法谨慎地删除了"奴隶"一词。

这里不再赘述会让爱国者感到羞愧的话题。我们发现，《宪法》对奴隶贸易的问题做了如下处理：

> 第九款第一条 1808 年前，现存各州认为应该适当承认的这类人，其迁移或进口不应由国会禁止，但对其进口可以征收税款，每人不超过十美元。

反对奴隶贸易的人提供了禁止奴隶贸易的日期，他们认为黑人应该被描述成"一个人"，而不是动物或房地产，这一提法大有深意。显而易见的是，黑奴是白人领导者"同父异母的兄弟"，但美国人依然拒绝承认黑奴是"人"和其"兄弟"。

与此同时，在《宪法》制约下的联邦各州可以通过自己喜欢的方式对待奴隶贸易和奴隶制。各州立法主要是从经济角度考虑，但《独立宣言》的影响有目共睹。纽约的禁止奴隶贸易似乎在立法方面起了带头作用。1788 年 2 月 28 日，纽约州颁布了法律，规定纽约州领土范围内禁止进口奴隶，同时禁止在纽约州购买用于出口的奴隶，如果有人违法，将罚款一百英镑。

1788 年 3 月 25 日，马萨诸塞州禁止其公民参与非洲奴隶贸易。但在该州的法案中找不到任何关于禁止从其他地方运输奴隶的条款。

1788 年 3 月 29 日，宾夕法尼亚州宣布禁止"在欧洲、亚洲、非洲、美洲及其他地方或国家开展奴隶贸易，或从事来自欧洲、亚洲、非洲、美洲及其他地方或国家的奴隶贸易，或发生在这些地方或国家之间的奴隶贸易"。

1788 年，南卡罗莱纳州暂时禁止了奴隶贸易，直到 1793 年 1 月取消禁令。1789 年 2 月 3 日，特拉华州也宣布禁止奴隶贸易。

1789 年 5 月 13 日，有人在美国国会提议，对进口奴隶征收每人十美元的税款。当时，美国政府财政紧张，但依然拒绝了这份分赃奴隶贸易利润的提议。

## 第10章 宣告奴隶贸易非法

在美国《宪法》精神的引导下，1790年3月23日，全国范围内限制奴隶贸易的第一项措施正式开始实行。在此之前，废奴主义者一直在"挑衅权威"①。针对奴隶制和奴隶贸易，一封封请愿书被上交到了国会。国会一直坚持制宪大会上制定的逃避政策。然而，1790年3月23日，众议院宣称："国会有权限制美国公民从事为外国人提供奴隶的非洲奴隶贸易，并通过适当管理，改善中段航程中奴隶的待遇。这些奴隶由美国公民进口到其他承认奴隶制的州。"此外，"国会有权禁止外国人在美国的任何港口装配船只，从而将奴隶从非洲运送到外国港口"。

最后，国会以二十九票比二十五票的投票结果通过了决议。一项类似的决议宣称："国会无权干涉奴隶解放或各州如何对待奴隶。""1808年前，美国各州认为应该适当承认的这类人，其迁移或进口不应由国会禁止。"

虽然发布了一些宣告，但四年中，国会并未做出任何实事。在英国议会，目击者描述的关于奴隶贸易的罪恶已经广为人知。由坚毅的贵格会教友领导的废奴主义者不断向美国国会请愿，但国会一如既往地无视他们的要求，直到杜桑·卢维杜尔在海地掀起的政治风暴席卷了美洲南部。古巴东部岛屿上的奴隶揭竿而起，宣称并维护"人生来自由平等"的原则。这次起义与法兰西受压迫者的起义一样，声势浩大，暴力程度犹如压抑很久后释放出来的火山岩浆。到处都是触目惊心的杀戮抢劫事件。想到这些事件及其起因，美国的立法者不寒而栗。

"1794年，贵格会教友递交了请愿书，希望美国国会制定一部反对奴隶买卖的法律。这一请愿立即获得了通过。1794年3月22日，第一部反对奴隶贸易的国家性法案成为法律。"

学者们阅读1794年3月22日后关于奴隶制的文献时发现，许多作家曾骄傲地宣布，美国是第一个禁止奴隶贸易的国家。他们认为1794年3月22日通过的法案禁止了奴隶贸易。

事实上，这部法案只是"禁止在美国向其他地方或国家开展奴隶贸易"，同时禁止在美国港口为外国装配贩奴船，对贩奴船并未造成任何损失。

---

① 这个词形象描述了废奴主义者在面对他们不赞成的话题时，具有的一般动机和行为。——原注

杜桑·卢维杜尔（1743—1803）

海地起义中的黑人绞死压迫他们的法国殖民者

海地起义中的黑人大肆杀戮曾经压迫他们的奴隶主

除了 1798 年 4 月 3 日通过的"关于密西西比州"的法案，关于奴隶贸易的争端暂时得到了缓和。美国《宪法》条款中没有提及密西西比州。"关于密西西比州"的法案禁止进口奴隶，如果有人违反法案中的规定，将会受到严厉惩罚，而且法案颁布后进口的奴隶都享有自由。但 1800 年，宾夕法尼亚州的自由黑人发起了请愿，希望修改有关奴隶贸易的法律，制定流亡奴隶法，并逐步解放奴隶。这次请愿再次在众议院激起了波澜。

在后来的辩论中，来自康涅狄格州的塞缪尔·W. 达纳称，这次请愿包含的"只是法兰西形而上学的自由与平等的混杂物"。这是来自康涅狄格州的声音。

来自罗德岛州的约翰·布朗说："我们想要钱和海军。我们应该采取措施去获得这些东西……为什么我们要放任英国独享奴隶贸易的利润？为什么我们不能通过利润丰厚的奴隶贸易获得财富？"

然而，美国国会规定，无论是为外国奴隶贸易装配船只，还是直接或间接在外国贩奴船航行时持有股份，都属于违法行为。此外，国会还明令禁止美国公民在贩奴船上工作，允许海军舰艇俘获任何美国贩奴船，从事奴隶贸易的商人和船员一旦被定罪，将面临两年监禁和两千美元的罚款。虽然抓捕奴隶的海军不能拥有奴隶，捕获贩奴船后，船上的奴隶也会被释放，但国会对应该怎么处置这些奴隶没有做出说明。

当时，允许奴隶贸易的州依然可以从非洲进口奴隶。1803 年 2 月 28 日，美国国会通过了一部法案，规定任何违反法律，"将黑人、白黑混血儿或其他有色人种带入美国各州"的贩奴船将被没收，违反这项法律的船长将被罚款一千美元。奇怪的是，北卡罗莱纳州在请愿陈述中通过了这项法律。一些海地黑人曾在威明顿市登陆。北卡罗莱纳州人只要想到这些海地人是宣扬自由和平思想的特使，就会感到恐惧。

然而，伊莱·惠特尼发明了轧棉机但被剥夺了专利保护权后，棉花种植的巨额利润使人们再次转向支持奴隶贸易。为了获得更多种植棉花的黑人劳动力，南卡罗莱纳州废除了禁止进口奴隶的法律。此外，其他州也在偷偷开展奴隶贸易。

1803 年，美国国会打算从法国手中购买路易斯安那。当时，路易斯安那

# 第 10 章　宣告奴隶贸易非法

伊莱·惠特尼（1765—1825）

急缺奴隶。在南卡罗莱纳州的罗伯特·古德洛·哈珀的提议下，国会通过了一项法令，迫使路易斯安那的种植园主"突破美国的限制"，进口奴隶。这项法令的实际影响是，许多奴隶贩子在查尔斯顿装载奴隶，然后驶向新奥尔良。

由于南卡罗莱纳州再次公开承认了奴隶贸易，1804 年到 1807 年，二百零二艘贩奴船将三万九千零七十五名奴隶从非洲运到了查尔斯顿。南卡罗莱纳州参议员威廉·史密斯收集并报告给国会的海关官方收益显示，这些贩奴船分别来自"康涅狄格州一艘，波斯顿一艘，诺福克两艘，巴尔的摩四艘，罗德岛州五十九艘，查尔斯顿六十一艘，瑞典一艘，法兰西三艘，英国七十艘"。从名义上看，只有六十一艘贩奴船来自参与奴隶贸易的美国北部港口。然而，当我们仔细研究利润获得者时，发现在这些贩奴船的收货人中，其中"八十八人是罗德岛州的本地人，十三人是查尔斯顿人，十人是法兰西人，九十一人是英国人"。

1787年10月，罗德岛州通过了一部法案，试图禁止进口奴隶到本州领土，同时废除奴隶贸易。违反法令的人将面临每个奴隶一百英镑和每艘贩奴船一千英镑的罚款。然而，在罗德岛州的立法或其他现存的法律中，没有一部法律明令禁止本州贩奴船主从南卡罗莱纳州公开进行的奴隶贸易中获利。当时，一艘价值不到一万美元的贩奴船往返一次，可以获得九万美元的利润。因此，想要使立法者放弃这笔利润是非常困难的。

1808年，一部重要的立法出现。国会曾经认为自己有权禁止奴隶贸易。1806年12月2日，托马斯·杰斐逊总统在相关文件中恭贺国会"进入某个可以直接行使权力的时期"，并同意禁止奴隶贸易。1806年12月3日，佛蒙特州的斯蒂芬·R.布拉德利提出了一项法令，即1807年3月2日通过的法案。

这项法案的第一部分讨论了如何处置即将被捕获的贩奴船上的奴隶的问题。可以肯定的是，被捕的贩奴船船主违反了法律。反对奴隶制的人希望被

托马斯·杰斐逊（1743—1826）

## 第 10 章　宣告奴隶贸易非法

捕获的贩奴船上的奴隶获得自由,但也愿意用契约束缚奴隶,甚至签订终身契约。然而,人们的要求总是比实际获得的多。对自由黑人的恐惧逐渐在蓄奴团体中蔓延开来。蓄奴者害怕自由黑人会煽动暴乱。

当然,奴隶贸易也遭到了道德批判。但国会议员约瑟夫·克莱称:"道德与奴隶买卖没有任何关系。对每一个有常识的人来说,奴隶买卖的问题只能从商业角度思考。"更糟糕的是,人们发现国会议员正为法令所谓的"体面外观"争论不休,他们单调乏味,惧怕侦查,却不惧怕罪恶。

当然,在当时的社会环境中,关于奴隶贸易的商业考虑占了上风,而且这一点十分必要。1807 年 3 月 2 日通过的法案的第四款规定:"无论是进口商还是进口商的属下或其他人,都没有权力拥有任何被捕获的贩奴船上的奴隶","但这一规定应该包含在相关的规章中"。此外,"一些州或领地"应该在法案中将这一规定考虑在内。

因此,国会在禁止奴隶贸易时规定,由于私占土地者的行为,从非洲运送来的奴隶将不再获得失去的自由。

美国北部地区很少有偷运来的奴隶。南部的一些州没有通过与偷运奴隶相关的法律,其他州已经通过的法律也各不相同。1815 年,《阿拉巴马-密西西比领土法案》规定,人们可以通过公开拍卖的形式将黑人卖给出价最高的人。拍卖奴隶的人可以得到一半收益,另一半收益归国家所有。后文将会提到这部法律的运作过程。根据 1816 年的法律,北卡罗莱纳州五分之一的奴隶销售收益归拍卖者所有。在佐治亚州,根据 1817 年 12 月 18 日通过的法案,"在公报上刊登六十天通知后,可以售出奴隶",或"如果有色人种殖民化协会愿意支付费用,并将这些人送到非洲,以及支付这些人被捕获和奴役以来的花费,那么佐治亚州的州长会帮助宣传这一协会的观点"。

1812 年的英美战争后,美国关于处置奴隶的国家性法律得以通过。

另一件与 1806 年 12 月 3 日通过的法案有关的事是,虽然政府竭力禁止美国各州在海岸沿线进行奴隶买卖,但效果并不显著。这部法案规定,载重四十吨以下的船只不能参与奴隶买卖。从切萨皮克市到新奥尔良的航行经常与从非洲到西印度群岛的航行一样,会持续很长时间,但对可以运载的奴隶数量并没有明确限制。

违反了这一法案的人将面临惩罚，包括没收船"归美国所有"。装配贩奴船会被罚款两万美元；帮助进口奴隶会被罚款五千美元；从非洲或其他国家运送奴隶会被罚款一千到一万美元，同时监禁五到十年；购买偷运来的奴隶会被罚款八百美元。

　　此外，托马斯·杰斐逊总统还"要求美国的武装战舰""在美国海岸巡航"，搜寻奴隶走私船。被捕获的走私船一旦被定罪，船长将面临两到四年的监禁和一万美元以下的罚金。同时，走私船将被作为战利品送给海军作战舰，走私船上的奴隶将被送到国家机关。国家机关会为走私船找到停泊港口。

　　作为道德胜利的成果，1807年3月2日通过的法案经常被人们提及。当然，该法案的确显示出了美国文明的一些进步。但当我们审视事实时，发现这部法律实际上只是一纸空文。

# 第 11 章
# 早期奴隶走私商

○ 精彩看点

哈瓦那和佛罗里达港口之间的奴隶贩子——阿美利亚岛——巴拉塔里亚海盗——非法交易的规模——佐治亚州州长

从来没有人完整讲述过美国海岸线附近开展的奴隶走私贸易，也无法讲述。究其原因，可以用1804年2月14日南卡罗莱纳州国会议员托马斯·朗兹在众议院说的一段话解释。他说："因为流向南卡罗莱纳州中部的可通航河流有好几条，即使我们采取措施，也不可能阻止东部的人将奴隶运送到美国。这些人在国内其他地区挑战联邦政府的权威，积极参与奴隶贸易。过去的一两年中，他们想方设法规避法律，将大量非洲人引入美国，就像奴隶贸易是合法的一样。"

以上事实说明，托马斯·朗兹对新英格兰船主的指责是完全合理的。但我们也注意到，南卡罗莱纳州的人民接受了新英格兰盗贼偷来的"货物"。

彭萨科拉是佛罗里达州最受欢迎的港口之一。佛罗里达还是西属殖民地时，哈瓦那和彭萨科拉之间的运河上有一艘经常出没的奴隶渡轮。1818年春天，安德鲁·杰克逊夺取了彭萨科拉。与此同时，乔治·默瑟·布鲁克上校捕获了"宪法"号贩奴船，船上有八十四名黑人。海军中尉艾萨克·麦基弗捕获了"路易莎"号和"马里诺"号贩奴船，两艘船共有二十三名奴隶。这些奴隶将被运送到美国市场出售。彭萨科拉港口及其附近经常出没的三艘贩奴船表明，每星期至少有一艘贩奴船来到彭萨科拉港口。

国会议员威廉·米切尔估算，每年约有两万名奴隶被偷运到美国。1810年，

美洲奴隶贸易：起源、繁荣与终结

安德鲁·杰克逊（1767—1845）

詹姆斯·麦迪逊总统谈到奴隶交易时说，他相信人民可以感受到国会出于"正义和仁慈的动机"，从而设计出禁止奴隶贸易的政策。

1811年1月22日，海军部长保罗·汉密尔顿写信给南卡罗莱纳州查尔斯顿的海军指挥官H.G.坎贝尔，说："我听说自从炮舰撤离后，佐治亚州的圣玛丽亚经常发生违反禁止进口奴隶的法律的事件。我认为查尔斯顿需要加速配备炮舰，并经常使用这些炮舰……此外，还要派炮舰到圣玛丽亚。"

这里提到了走私奴隶贸易的规模。从《"两个朋友"号贩奴船的航行》描述的事件中，我们也可以想象出走私奴隶贸易的规模。在写这本书之前，作者搜集到了一些事实。"不法交易行为存在期间，各种交易繁盛，甚至可以一次看到三百艘方形桅杆船的船帆。这些船只在西班牙水域等候'货物'。"阿美利亚岛可能是当时世界上人口最稠密的奴隶基地。

1812年英美战争前夕，美国边境上的另一个著名奴隶基地建在新奥尔良

## 第 11 章　早期奴隶走私商

西南部的巴拉塔里亚，由让·拉菲特管理。让·拉菲特的海盗巡洋舰捕获了许多贩奴船，并将船上的货物带到了巴拉塔里亚。巴拉塔里亚与密西西比之间的小海湾非常适合走私。走私者携带的货物种类很多，但黑人是获利最多的"货物"。这些走私行为明目张胆。因此，美国政府派出海军准将 D.T. 帕特森和陆军上校乔治·T. 罗斯。他们带领的军队实力强大，摧毁了巴拉塔里亚的奴隶基地。被捕的船只和其他财产共卖了五万美元。这笔钱分给了参与此次行动的所有人。美国海军通过强行售出货物获得了五万美元，足以说明巴拉塔里亚地区的走私贸易十分猖獗。

1812 年英美战争结束后，活跃在巴拉塔里亚殖民地的人都去了加尔维斯顿岛，并在那里建立了所谓的"新德克萨斯州政府"。这件事发生在 1817 年，但具体的日期没有被记录下来。"新德克萨斯州政府"的最高领导人是海军准将路易·奥利，曾在新格林纳达的海军部队任职，但后来在墨西哥共和国代理人赫雷罗发起的委员会里任职。路易·奥利称自己是西班牙战争期间盟军舰队的海军准将。他还建立了海事法庭。在海事法庭上，他将与自己的盟军舰队捕获的船类似的船只判为有罪。为了处置这些船，他采取了巴拉塔里亚人走私货物的方式，并发现新奥尔良的许多人都愿意帮助他。

1817 年，路易·奥利将自己的据点转移到了马塔戈达。后来，他又将据点转移到了佛罗里达州的阿美利亚岛。阿美利亚岛的走私贸易非常猖獗，而且规模很大，吸引了整个美国的注意。

事实上，走私贸易的利润十分丰厚。佐治亚州的州长戴维·布里迪·米切尔为此辞去了官职，成了克里克印第安联盟在美国的代理人。于是，他如愿参与了走私贸易。克里克印第安联盟代理处位于佐治亚州定居点与路易斯安那新购买的种植园之间的荒原上。戴维·布里迪·米切尔通过秘密通道，将奴隶带到了代理处的总部，然后打算将这些奴隶分配到路易斯安那的各个种植园中。他以为秘密通道、隐蔽的代理处和他本人的影响综合起来，可以绝对安全地从事走私贸易。然而，他的走私贸易最终还是被人发现了，他不仅损失了金钱，还丢了脸面。我们可以在《美国国家文件》杂项部分第二卷第九百五十七页找到关于这件事的描述。为了证明故事的真实性，似乎有必要引用文件中的原文。

詹姆斯·麦迪逊(1751—1836)

让·拉菲特(1776—1826)

有关这桩案件的文件表明,"身强力壮的奴隶在阿美利亚的售价是二百五十美元,普通奴隶的售价在一百七十五美元到两百美元之间"。因此,走私奴隶到美国的净利润为每个奴隶三百五十美元至五百美元。

奴隶走私商使用的具体走私方法很多,但菲利普·德雷克描述的一次航行经历足以说明所有事实。他说:"看管黑人的卡菲尔从埃斯坎比亚河逆流而上,穿过边界进入佐治亚州。在佐治亚州,一些野蛮的非洲人与当地黑人混在一起,政府打算将他们驱赶到内陆地区。但在途中,很多黑人被偷偷卖出……西班牙领地通过在内陆地区贩卖黑人变得日益繁荣……佛罗里达州是奴隶贩子的温床。许多美国公民参与了贩卖几内亚黑人的贸易,并按小分队的形式从事走私,逐渐变得富有。当时的奴隶贸易非常活跃。"

# 第 12 章
# 从事奴隶贸易的海盗

**精彩看点**

禁止奴隶走私贸易的法令——詹姆斯·鲍伊和让·拉菲特——以磅为单位出售奴隶——海盗法案

美国的立法者看到了阿美利亚岛上营火的烟雾，于是，他们试图使1807年至1808年制定的法律发挥作用。之前由于一些原因，这项法律一直无法执行。众议院和参议院都提交了法案，但能言善辩的国会议员认为这些法案即使不会被直接否决，也很难通过。在这种情况下，他们决定废除1808年制定的法律。

1818年4月20日，一部法律获得了通过，标题是"从1808年1月1日起，禁止进口奴隶到美国管辖的任何港口或地方的法案以及撤销该法案部分章节的法律"。

事实上，这部法律应该取名为"促进走私者叛变的法案"。美国国会认为，通过迎合违法者的贪婪以及为告发同伴的走私者提供奖金的措施，可以有效改善走私地区的道德现状。

1818年的新法律与1807年的法律的差异是，1807年的法律的第二条规定，"参与奴隶进口的船只都将被美国没收"；1818年的新法律的第一条规定，"任何从事奴隶进口的船只一旦被没收，售出船只后的收益一半归美国政府所有，一半归控告人所有"。

总的来说，1818年的新法律的效果并不显著，但其中的第八条非常有趣，因为它清楚表明了国会打算彻底禁止奴隶贸易。第八条规定："根据该法案，所有案件中的被告必须证明，他被控告带入美国的奴隶，或通过购买及卖出等其他方式处理的奴隶，在提出控告前五年已经来到美国，或没有以违反这部法律中的条款的方式处置奴隶，如带入、监禁、购买以及其他方式。"让被告自己拿出证据是美国立法的一个创新。

1819 年，美国国会承认这项法律效果并不显著，于是在 1819 年 3 月 3 日通过了新的法案。众议院讨论新法案时，来自弗吉尼亚州的休·纳尔逊在法案中插入了一项条款，规定判处参与奴隶交易的人死刑。但参议院删除了这项条款。杜·博伊斯教授注意到，讨论奴隶制问题时，国会已经开始在党派和地理方面产生分歧。他说 1818 年的法案"获得了南方、参议院和民主党人的支持"。1819 年的法律获得了北方、众议院和正在发展中的辉格党人的支持。

根据 1819 年的法案的第一项条款，只要总统认为有必要，他就"有权命令美国的武装战舰在美国的任何海域或地区，以及非洲海岸和其他地方巡航，以便捕获"美洲贩奴船。捕获的贩奴船被卖出后，政府和海军分享得到的收益，且每捕获一个奴隶，政府还会提供二十五美元赏金。

此外，总统有权任命一名代理人驻扎在非洲海岸的利比里亚，负责接收和看管捕获的奴隶。

普通的平民揭发者会获得一半的罚款收益。在走私过程中每逮捕一个奴隶，会获得五十美元的现金奖励。

为了维护奴隶贩子的利益，1819 年通过的法案的第五条规定，如果海军军官"能查明捕获的贩奴船的归属州或归属地，他必须将贩奴船及其"货物"带入相应的地区"。这项条款附加在路易斯安那的国会议员托马斯·巴特勒的提议后面。托马斯·巴特勒说他"理应关注自己代表的州的利益"。譬如，新奥尔良的贩奴船应该送回新奥尔良接受判决。法案第四条也规定："应该由陪审团裁决"贩奴船是否违反了法律。

为了说明 1819 年 3 月 3 日通过的法案的运作方式，我们引用了新奥尔良著名的詹姆斯·鲍伊的一段生活经历。詹姆斯·鲍伊用自己的名字命名了一种鞘刀。他和哥哥雷津·鲍伊及另外两名具有冒险精神的人一起成立了一家公司，然后与海湾地区的走私商领导人让·拉菲特签订了合约。让·拉菲特"将

詹姆斯·鲍伊(1796—1836)

贩奴船上健康的黑人以一磅一美元的价格卖给了鲍伊兄弟。因此，每名奴隶的平均价格为一百四十美元。在公开的奴隶市场，每名奴隶的售价在五百美元到一千美元之间"。鲍伊兄弟购买了奴隶后，一般会通过小海湾将奴隶秘密送到购买者那里。相关法律规定，走私者一旦被捕获，售出奴隶的一半收益归告密者所有，而且告密者还会得到每个奴隶五十美元的奖励。鲍伊兄弟利用这项法律规定，经常用假名字相互告发对方，然后通过相关的法律程序售出奴隶。在销售奴隶时，一般不会有竞争者前来竞价，因为大家都明白，詹姆斯·鲍伊正在规避法律，而且奴隶市场供不应求，社会舆论都支持奴隶制。鲍伊兄弟从这些交易中获得了丰厚的利润。与此同时，不仅政府官员获得了巨额利润，种植园主也以市场价格买到了奴隶。

"两三年内，鲍伊兄弟的公司共赚了六万五千美元。然而，做这种生意不仅需要改名换姓，装聋作哑，还要说恭维话，假装被抓。很快，鲍伊兄弟厌倦了这一切。"他们都是粗鲁的人，但并不喜欢偷偷摸摸的人。他们很早以前就证明了一句话，即"一个勇敢的人绝对不会将金钱作为人生的主要目标"。

1819年3月3日的法案通过后，1819年12月，国会重新召开了会议，深入讨论了奴隶贸易。殖民协会建立了利比里亚。后文会详述关于利比里亚的事。通过各种形式的活动，殖民协会使公众更深刻地了解了奴隶贸易的罪恶。此外，殖民协会基于以下两个原因接触到了蓄奴者。首先，有人承诺殖民协会不会干涉美洲的奴隶制；其次，成立殖民协会的目的是将蓄奴者的眼中钉，即自由黑人从美国驱逐出去。

毫无疑问，许多美国人出于道德原则反对奴隶贸易。然而，研究奴隶贸易的学者不能忽视一个事实，即人们对奴隶贸易的反感越来越强烈，因为除了北方的几个港口，人们对奴隶或贩奴船没有任何兴趣。但在南方，越来越多的蓄奴者开始出售自己的奴隶。海岸贸易商曾要求上一届政府考虑奴隶出口问题，这一事实具有重要意义。弗吉尼亚州是出口奴隶的先驱。对种植园主来说，严令禁止进口奴隶"无疑会抬高奴隶的市场价格"。种植园主发现，繁殖奴隶比耕种土地的利润更高。

与此同时，美洲其他国家的私掠船已经开始对美国毫无武器装备的商船发起可怕的攻击。海盗经常在西印度海域出没。大多数情况下，海盗的行为影响了奴隶贸易,因此,他们应该被起诉。但值得注意的是,现在的很多奴隶贩子变成了海盗,海盗又变成了奴隶贩子。

总之,无论动机如何,1820 年提出的一部法案获得了议会的支持,并在 1820 年 5 月 15 日正式成为一项法令。这项法令规定,参与奴隶贸易的人将被判处死刑。其中,与奴隶贸易有关的章节摘录如下:

> 法令进一步规定,任何在外国贩奴船上从事奴隶贸易的美国公民,以及任何贩奴船船员,如果这艘贩奴船归某位美国公民或某些美国公民所有,并为美国公民服务或代表美国公民的利益,那么上述美国公民乘贩奴船登陆,或在外国海岸捕获自由黑人或白黑混血儿,打算将其变成奴隶,或强行运送、接收这类贩奴船上的黑人或白黑混血儿,且有意将其变成奴隶,将被视为海盗。他们会受到所在地区的美国巡回法庭的审判,并被判处死刑。
>
> 法令进一步规定,任何在外国贩奴船上从事奴隶贸易的美国公民,以及任何贩奴船船员,如果这艘贩奴船归某位美国公民或某些美国公民所有,并为美国公民服务或代表美国公民的利益,那么一旦上述美国公民强行监禁、扣留或帮助、怂恿强行监禁以及扣留此类贩奴船上的自由黑人或白黑混血儿,且有意将其变成奴隶,或曾提议、尝试将此类贩奴船上的自由黑人或白黑混血儿作为奴隶卖出,或在公海或潮水处将上述黑人与白黑混血儿转移到其他船上,且有意将其变成奴隶,或让此类贩奴船上的自由黑人或白黑混血儿登陆美国海岸,且有意将其作为奴隶售出或已经将其作为奴隶售出,他们将被视为海盗。他们会受到所在地区的美国巡回法庭的审判,并被判处死刑。

当时,作为整个国家对奴隶贸易持有的态度,这项法令似乎非常清楚明确。然而,为了表明国家禁止奴隶贸易的决心,国会做出了很多努力,这项法令只是其中之一。1820 年 5 月 12 日,众议院通过了一项决议:"美国总统应该与各级地方政府的部长共同协商快速废除奴隶贸易的政策。"

1820年5月15日通过的法令不但全面，而且很公正。虽然它只存在了两年，但1823年1月30日的联合决议使其成了永恒，因为这项联合决议正式执行了该法令，并证明了其合理性。

# 第 13 章
# 禁止奴隶贸易的国际合作

**精彩看点**

英国的外交努力——西班牙同意禁止奴隶贸易——美国拒绝加入条约——美国的贩奴船立法——《阿什伯顿条约》

1792年，丹麦通过了有关禁止奴隶贸易的法案，并于1804年正式生效。1806年，英国向美国提出了《和睦、贸易和航海条约》。依据该条约，"两国同意尽最大努力赢得其他国家的支持，彻底废除违反正义和人道原则的奴隶贸易"。然而，美国拒绝签订条约。

英国立法者发现，1807年的法案效果不佳，于是在1811年宣告，任何参与奴隶贸易的英国公民将被判处重罪，面临十四年的流放徒刑。

1815年3月29日，拿破仑从厄尔巴岛回来后，重新掌握了法兰西的统治权，并颁布法令废除了奴隶贸易。1818年，波旁王朝重新颁布了这项法令。

1814年12月24日签订的《根特条约》规定，英国和美国同意"尽最大努力"废除奴隶贸易。

1815年2月8日，"五个主要大国，即英国、俄国、普鲁士王国、奥地利和法兰西签订了条约，一致同意终止奴隶贸易。为了履行这一条约，五国都制定了相关法律制止奴隶贸易"。

1817年7月23日，英国与葡萄牙签订条约，规定"如果有人怀疑两国的商船上载有非法获得的奴隶，两国的战舰有权检查彼此的商船"。这份条约只涉及赤道以北的贸易。1817年9月23日，西班牙同意如果收到四十万英镑的报酬，将"立即废除赤道以北的奴隶贸易，并于1820年5月30日后彻

拿破仑离开厄尔巴岛

签订《根特条约》

底废除奴隶贸易,以及赞成英国与葡萄牙关于相互搜查船只的特权"。葡萄牙同意在1823年彻底废除奴隶贸易。

根据这些条约,各国共同建立了联合法庭。但可以肯定的是,由于西班牙人和葡萄牙人,联合法庭的所有努力付之东流。

这些事件使英国赢得了世人的尊重。为了解救惨遭折磨的奴隶,英国愿意出资两百万英镑。英国的做法不仅为以后的类似事件开了先河,还具有独特的历史意义。在这种情况下,西班牙竟然愿意接受报酬,甚至在此后的五十年间故意违反条约规定。西班牙的做法同样具有独特的历史意义。

1818年5月4日,英国与荷兰签订条约,规定双方拥有相互搜查权。

1824年3月3日,英国制定法律,规定任何参与奴隶贸易的英国公民将被判"海上劫掠罪、重罪和抢劫罪",并会被"判处死刑且不能举行教堂仪式,以及失去土地、货物和动产,就像海盗、重罪犯和抢劫犯遭受的惩罚那样"。

1713年的《阿西昂特条约》被认为是英国外交的巨大胜利。1824年,这份条约中提到的贸易被宣告为海盗行为。

1824年11月6日,瑞典和英国同意双方在奴隶海岸拥有互相搜查权,英国邀请美国加入条约,但美国拒绝了。1820年,美国也曾拒绝过一项类似的条约。1830年,巴西颁布严厉的惩罚措施禁止奴隶贸易。1831年和1833年,英国和法兰西同意双方拥有互相搜查权,并再次邀请美国加入条约。

从某方面来看,这是一件非常重要的事。由于英国的侵略,美国参与了1812年的战争。虽然美国最终取得了胜利,但恢复和平后,英国拒绝了美国关于搜查美国船只和强行征用美国海员的要求。然而现在,为了禁止奴隶贸易,英国不仅要求获得在明确规定的范围内搜查船只的权利,还在谈判时放弃了其他地方的搜查权,并且同意不再强行征用被搜查船只上的海员。根据各国的法律规定,海盗曾经是没有国籍的人,同时也是其他合法船只的战利品。宣布奴隶贸易为海上劫掠行为的法案的意义在于,贩奴船将被交给公海上拥有合法授权的巡警处置。英国完全同意这项规定,而且认为所有英国贩奴船都应如此。由于受到了奴隶贩子的影响,美国总统约翰·昆西·亚当斯并不敢向英国当局宣告"奴隶贸易是法定的劫掠行为",并认为奴隶贸易与公海

美洲奴隶贸易：起源、繁荣与终结

约翰·昆西·亚当斯（1767—1848）

上的抢劫行为不同。除了美国法庭，美国人从未允许其他权力机构像对待公海上的抢劫犯一样对待美国奴隶贩子。

　　如果有人想查看关于废除奴隶贸易的国际合作的原始文件，可以在第十八届国会第二次会议参议院第一号文件，以及《美国国家报纸》外国卷第五卷中找到相关记录。关于美国奴隶贸易的公共文件中，最有趣的是第二十七届美国国会第三次会议众议院第二百八十三号文件和第二十六届美国国会第二次会议众议院第一百一十五号行政文件。

　　美国面临的根本问题是，棉花种植的利润越来越高。1808 年，认为奴隶制终将消亡的人突然开始支持奴隶制。国会中总有人反对通过制定法律的方式禁止奴隶贸易。更糟糕的是，1820 年 5 月 15 日通过的法律受到了美国地方检察官的反对。这些检察官上交了起诉书，对根据之前的法案捕获的贩奴船提出了异议。譬如，有记录显示，1845 年 6 月 23 日，在美国马里兰州地方法院，希思法官宣判了根据 1800 年 5 月 10 日通过的法案起诉的案件。该案对来自蒙得维的亚的双桅贩奴船长詹森·L.彭德尔顿提出了控告。

1819 年，美国通过了禁止奴隶贸易的法案，拨款十万美元用于实施该法案。1823 年，美国政府再次拨款五万美元。后来，拨款逐渐减少。1834 年，美国政府的拨款仅有五千美元，此后再也没有拨款。这种情况一直持续到 1842 年。与此同时，这些拨款并没有直接用在禁止奴隶贸易的相关事宜上，大部分用在了养活从走私商那里捕获的黑人和支持利比里亚殖民地方面。

无论如何，美国依然要和英国签订与奴隶贸易有关的条约。签订条约的起因很多，其中最主要的原因是美国贩奴船的不法行为不断遭到曝光。美国的巡洋舰经常会捕获一些贩奴船。第一艘派出的巡洋舰"阿涅"号捕获了五艘贩奴船，其中最臭名昭著的贩奴船是"普拉茨堡"号。这些贩奴船的故事及其主人犯下的伪证罪，可以参见美国最高法院审理贩奴船案件的报告。真相令人触目惊心。

然而，奴隶贸易最令人震惊的一点是，贩奴船利用美国国旗掩护自己。美国政府曾特别强调，在和平时期，任何外国巡洋舰不能搜查美国商人。因此，美国贩奴船渐渐簇拥到了美国国旗下。有时，带有空白美国文件的贩奴船也会遭到抓捕，如带有美国驻哈瓦那领事 N.P. 特里斯特签署的空白文件的贩奴船"康蒂西奥"号①。

T.F. 巴克斯顿的《奴隶贸易与矫治政策》一书充满主观评论，但其中也描述了许多不争的事实。每当读到这些事实，我们都会不寒而栗。事实证明，在非洲，二十五万多名非洲黑人的生命被故意剥夺。此外，为了给美洲提供劳动力，每年约有六万多名非洲黑人丧生公海。

其间，英美两国之间存在许多有争议的问题。但幸运的是，两国人民具有足够理智，并没有付诸战争，而是请双方的委员们解决这些问题。通过委员们的协调，两国签订了一份条约。在这份条约中，英美两国就奴隶贸易最重要的一段历史达成了共识。根据这份条约，美国会派遣一支海军分遣舰队在非洲海岸巡航，并与一支英国海军分遣舰队共同禁止奴隶贸易。

---

① 参见第二十六届美国国会第二次会议参议院第一百二十五号行政文件。——原注

因此，美国总统有权派遣海军舰艇前往非洲海域巡视，禁止奴隶贸易。根据《阿什伯顿条约》第八条，美国有权"在非洲海岸维持一支数量适宜、条件合适的海军分遣舰队。海军分遣舰队可以携带不少于八十支枪。英美两国践行各自的法律，享有权利的同时承担相应的义务，共同禁止奴隶贸易"。

1842年8月9日，美国代表丹尼尔·韦伯斯特与英国代表阿什伯顿勋爵亚历山大·巴林签订了条约。

# 第 14 章
# 奴隶走私贸易

**精彩看点**

解释法律——贩奴船发起攻击——美洲劫掠船——贩奴船"拉皮多"号、"里格罗"号及霍曼斯的贩奴船"布里兰特"号——将奴隶扔入海里——谋杀情人和孩子的奴隶贩子——奴隶贸易的利润与其邪恶成正比因为当前的奴隶贸易属于非法贸易，所以立法者对用朗姆酒和铁铸火枪交换象牙和棕榈油的贸易商，即所谓的的合法商人充满关怀。因此，与贩奴船有关的法律受到了可笑的限制。然而，一些人认为用生锈的火枪交换优质的棕榈油有失商人颜面，认为这种限制并不可笑。在非洲海岸，所谓的合法商人几乎都会与奴隶贸易商狼狈为奸。菲利普·德雷克在《一个奴隶偷运者的见闻》第六十六页，谈到了他用来交换奴隶的货物："我们的烈性酒、棉花、火药和枪支是在英国驻刚果的贸易站买的。在奴隶海岸，我们花高价买下'货物'，因为如果不这样做，这些老工厂可能会破产。有时，因为老工厂比较方便，所以经常会成为临时的奴隶仓库。"

为了保护合法商人，英国与各殖民地政府召开的会议规定："不能参观或扣留船只，除非委任军官收到明确指令或得到授权可以这样做。委任军官不能将参观的船只扣留或运到港口，除非基于一个简单的事实，即发现船上有奴隶。"

与此同时，美国也规定，船上是否有奴隶对确定船只是不是贩奴船很重要。因此，如果船上存在奴隶，那么法庭就会审判这艘船的船长。在英国法庭，船上有奴隶是判定贩奴船的直接证据。然而，当插着其他国家国旗的贩奴船接受审判时，必须有证据证明船上载有奴隶，以免对合法商人造成伤害。

法律对参与奴隶贸易的商人有一定影响，研究这一主题的作家似乎忽视了一个事实。宣告奴隶贸易属于非法行为时，对具有冒险精神的人来说，奴隶贸易反而变得更吸引人了。这是一个非常有趣的事实。毫无疑问，当时的人们渴望获得为生活而战的激情。同时，相比航海成功后的奖励金，人们更想闻到火药燃烧的气味，或看到浸满鲜血的甲板。在劫掠船上长期工作的人和无处不在的黑旗海盗使大海变得危机四伏。立法机关制定法律宣布奴隶贸易属于非法行为。但对这些人来说，法律只会让奴隶贸易更具吸引力。

　　大多数奴隶贩子都很贪婪。禁止奴隶贸易的法律使非洲海岸的奴隶价格急剧下降。奴隶贸易属于合法行为时，一个强壮奴隶的价格高达一百美元。现在，一个强壮奴隶的价格降到了十五至二十美元。此外，西方的奴隶市场一直很稳定。古巴或巴西的奴隶价格并没有下跌。然而，即使是非常虚弱的奴隶，甚至是像婴儿一样从贩奴船上抱到岸上的奴隶，也很容易卖出。如果不是因为弗吉尼亚州已经成为奴隶出口州，美国的奴隶价格也许会上涨。不过，当时的奴隶价格已经很高。在今天看来，奴隶贸易产生的利润几乎难以置信。如果进价二十美元的奴隶能顺利在佐治亚州登陆，或移交给当地的秘密代理商，奴隶贩子至少会获得五百美元的净利润。总之，宣告奴隶贸易属于非法行为后，狂热的奴隶贩子越来越猖獗。

　　因此，海军巡洋舰能否成功捕获贩奴船，有时要取决于两艘船的相对大小，以及速度和武器装备。第二十届美国国会第一次会议众议院报告第三百四十八号文件列举了十八艘通过武力抵抗巡洋舰的贩奴船。在这十八艘贩奴船中，有五艘曾是著名的美洲劫掠船，分别是"佩里准将"号、"麦克多诺准将"号、"阿格斯"号、"规范"号和"粗鲁的杰克"号。这些劫掠船的速度非常快，船员都有海上航行经历，也参加过合法劫掠，是最理想的贩奴船。这些贩奴船可以插自己喜欢的任何旗帜，沿着奴隶海岸航行。如果碰到一艘实力稍弱的贩奴船，它们会将船上的奴隶占为己有；如果遇到一艘小型的巡洋舰，它们也会毫不畏惧地迎战。据记载，这些贩奴船曾多次拼命抵抗巡洋舰，击退了武装执法人员。最后，五艘贩奴船中有四艘被捕，但所有简报都记录说，它们经过"激烈的战斗"后被捕。"粗鲁的杰克"号似乎印证了自己的名字，因为它不仅逃脱了追捕，还护送好几艘船来往于奴隶海岸。

## 第14章 奴隶走私贸易

"帕斯"号是一艘著名的美国贩奴船,船上插着"美国国旗",曾"击退了'夏洛特公主'号,并杀死了好几个船员。"英国双桅船"坎珀当"号携有十六支枪,"摧毁了塞拉利昂单桅纵帆船'漫步者'号和'审判'号,不仅将两艘船的船员作为奴隶俘虏",还"将所有乘独木舟离开的人变成了奴隶"。

"韦洛斯帕萨格罗"号贩奴船上有二十支枪和一百五十名船员,同时载有五百五十五名奴隶。在航行途中。"韦洛斯帕萨格罗"号遇到了英国小型风帆战船"普里姆罗斯"号。但直到遭到"普里姆罗斯"号的近距离射击,四十五个船员丧生,二十个船员受伤后,"韦洛斯帕萨格罗"号才投降。"普里姆罗斯"号战船上有三人丧生,十二人受伤。

关于上述战争的详细报道,我们已经无从查找,但对其损失的简短陈述足以说明,贩奴船如果拥有武装力量,一定会顽固地抵制抓捕。

总的来说,20世纪初期,巡洋舰捕获的所有贩奴船中,有四分之一贩奴船利用武器进行了一定反抗。我们有一份1845年的记录,描述了巡洋舰"黄蜂"号上的船员在非洲海岸惨遭屠杀的过程。然而,对贩奴船来说,这次屠

"韦洛斯帕萨格罗"号遭遇"普里姆罗斯"号

杀只是一次令人遗憾的胜利,因为它最终迫使英国政府下令,巡航舰可以直接歼灭顽固抵抗的贩奴船。此后,顽固抵抗不再是普遍行为。

西奥多·卡诺船长认为,众所周知,"黄蜂"号惨遭屠杀前,英国军官有时也会非常敬佩无畏的奴隶贩子,甚至帮助他们逃跑,或在被捕后帮助他们逃跑。

当贩奴船没有能力反抗时,奴隶贩子唯一可以逃脱罪责的方式是:在巡航舰派出军官前,将船上的所有奴隶处理掉。因此,立法者并没有预见禁止奴隶贸易的法律产生的影响,也没有想过如何解读这部法律,这一点不足为奇。但令人震惊的是,这部法律竟然沿用了很长时间。

关于这部法律运作过程的一些事实,可以在几十艘被捕的贩奴船的简短故事中找到。譬如,1831年,英国巡航舰"黑色幽默"号上的威廉·拉姆齐上校报告了发生在贝宁湾的一起案件。威廉·拉姆齐上校派两艘联络船去追捕西班牙双桅贩奴船"拉皮多"号和"里格罗"号。1831年9月,邦尼河上可以看到这两艘船正载着奴隶缓缓驶来。

威廉·拉姆齐上校报告说:"当两艘联络船即将追上'拉皮多'号和'里格罗'号时,'拉皮多'号和'里格罗'号开始向后退,快速到达了海岸。

"黑色幽默"号追捕西班牙贩奴船

## 第 14 章 奴隶走私贸易

在追捕过程中,从巡洋舰上可以看到这两艘贩奴船将奴隶扔进海里。奴隶们两人一组,脚踝被脚镣锁住,在海里下沉或拼命挣扎。两艘联络船上的船员看着数量众多的男人、女人和孩子在水里挣扎。可怕的是,一百五十多名可怜的奴隶就这样丧生了。"后来,威廉·拉姆齐上校和船员清楚地看到鲨鱼正在吞食奋力挣扎的黑人奴隶。

为了使价值不到一万英镑的"拉皮多"号和"里格罗"号逃脱罪责,贩奴船船长蓄意谋杀了一百五十名奴隶。

巡洋舰追上"里格罗"号时,船上有两百零四名奴隶,但最初的奴隶数量是四百五十名。"拉皮多"号被追上时,船上没有奴隶。但跳入海中的两名奴隶被救起,因此,足以证明两名奴隶原先在"拉皮多"号上。"拉皮多"号成了政府合法的战利品。

很多奴隶贩子遭到巡洋舰的追捕时,都迫切想要处理掉船上的奴隶。关于这类事有一个残忍的故事,讲述的是贩奴船"布里兰特"号及其船长霍曼斯。霍曼斯船长通过十次航海,共将五千名黑人带到了古巴。"布里兰特"号是一艘双桅船,携有十支枪和三十支大桨,艉楼上还有六十名男性船员。一艘英国巡航舰袭击了"布里兰特"号,却被"布里兰特"号击沉了。巡航舰上的船员不得不舍弃舰船。还有一次,一艘小型风帆战船袭击了"布里兰特"号,也被它击退了。最终,霍曼斯船长发现自己被四艘从不同方向驶来的巡洋舰包围,再也无法逃脱围捕。

然而,巡洋舰还未驶近时,风忽然停了,夜幕降临。霍曼斯船长准备舍弃奴隶,保全自己。他将锚链从锚链管里拉出来,然后通过细长的制动装置将锚链沿栏杆外围缠绕在船上。随后,他将船上的约六百名奴隶绑在锁链上,让他们站在栏杆周围,通过链节用粗绳将手铐固定在栏杆上。奴隶们就这样一直站着,直到听到巡洋舰驶近。霍曼斯船长将锚松开,然后将所有奴隶丢入海中。

巡洋舰上的船员虽然听到了奴隶们被丢入海中时发出的呼喊声,贩奴船的货仓也表明,巡洋舰到来几分钟前,船上还有奴隶,但他们不得不让贩奴船离开。当巡洋舰的船员站在贩奴船的甲板上时,霍曼斯船长露出了嘲笑藐视的神情,但巡洋舰上的船员对此无可奈何。

英国巡洋舰"麦地那"号登上离开加里纳斯河的一艘贩奴船时,发现船上并没有奴隶。然而,战舰的军官后来得知,贩奴船的船长在船舱里藏着一个白黑混血女孩。"麦地那"号出现后,贩奴船船长还让这个女孩在船上待了一段时间。但当贩奴船船长看到战舰的军官即将登上贩奴船时,他知道船上的白黑混血女孩足以使自己获刑,因此,他将女孩系在一个小锚上,然后将她扔进了海里。根据一些人的说法,贩奴船船长同时淹死了这名女孩及其未出生的孩子。

在1828年捕获的贩奴船中,从非洲驶往巴西的"邦热苏斯"号贩奴船上发生了一起谋杀案。

关于这类谋杀案,我们可以通过查阅美国最高法院有关贩奴船的案件获知,但这些记录只证明了谋杀的事实,并没有其他有价值的记载。如果想要深入研究这一主题,可以在《惠顿报告》的第五、第八、第九、第十和第十二卷,以及《克兰奇报告》的第二卷和第六卷、《彼得斯报告》的第十一、第十四和十五卷中找到相关记载。在准备写这本书时,我仔细查阅了相关故事。

有关《阿什伯顿条约》签订前的奴隶贸易的规模,如果我们查阅领事和海军的官方报告,就可以找到充足的事实证实废奴主义者的估算。譬如,"阿涅"号船长爱德华·特伦查德报告说,当他在奴隶海岸时,共发现了三百艘贩奴船。1818年,哈瓦那名义上拥有两百多艘贩奴船。1828年,进口到里约热内卢的奴隶至少有四万六千一百六十人。运载这些奴隶的贩奴船报告说,航行途中共死亡五千五百九十二人[①]。虽然签订了条约,但奴隶贸易仍然是公开的交易。古巴和巴西已经成为奴隶登陆的最大港口。事实上,奴隶贸易的利润与其邪恶程度成正比。"逃避法律"的奴隶贸易商使奴隶贸易变得更加恐怖。

---

① 参见1830年1月9日《奈尔斯登记册》。——原注

第 15 章
# 海军与奴隶贸易

# 精彩看点

封锁非洲海岸——海军准将马修·C.佩里的职业生涯——美国和英国海军分遣舰队——詹姆斯·布坎南政府

美国国会颁布的第一部将美国海军与奴隶贸易联系起来的法案是1800年通过的法案。这部法案的第四款规定："美国委任的任何船只都有权逮捕并带走违反本法案真实意图和含义的船只。"

直到1811年，美国海军才根据1800年通过的法案做出了吸引公众注意力的举动。1811年，查尔斯顿的海军指挥官H.G.坎贝尔接到海军部长保罗·汉密尔顿的命令，立即前往圣玛丽河阻止奴隶走私贸易。在与路易·奥利的冲突中，美国也动用了海军。

1819年3月3日的法案通过后，美国海军派了几艘船到非洲海岸。1820年1月，"阿涅"号从美国出发，船长是爱德华·特伦查德，船上有二十四支枪。1820年6月，轻巡洋舰"大黄蜂"号起航，船长是乔治·C.里德，船上有十八支枪。1820年7月18日，轻巡洋舰"约翰·亚当斯"号起航，船长是H.S.沃兹沃思，船上有二十四支枪。除了这几艘船，还有纵帆船"鳄鱼"号，船长是R.F.斯托克顿，1821年4月3日起航，1821年5月6日到达奴隶海岸，1821年7月返回，1821年10月4日再次出发，1821年12月17日返航。因此，1821年，"鳄鱼"号在奴隶海岸巡航了两次。纵帆船"鲨鱼"号的船长是马修·C.佩里，即伊利湖英雄奥利弗·哈泽德·佩里的兄弟。"鲨鱼"号于1821年8月7日起航，1821年9月至1821年11月在奴隶海岸巡航。"阿涅"号船长爱德华·特

"大黄蜂"号轻巡洋舰

伊利湖英雄奥利弗·哈泽德·佩里

伦查德报告说，奴隶海岸上约有三百艘贩奴船。马修·C.佩里报告说："我甚至听不到一艘美国贩奴船的声音。我坚信奴隶海岸附近没有美国贩奴船。"①

"阿涅"号捕获了五艘美洲贩奴船；"大黄蜂"号捕获了一艘美洲贩奴船；"鳄鱼"号捕获了四艘美洲贩奴船，但后来奴隶贩子又从美国海军那里劫走了其中三艘贩奴船，另外一艘贩奴船"热恩·尤金"号抵达了波斯顿，随后被判有罪。

1822年，R.T.斯宾塞接替了"阿涅"号船长爱德华·特伦查德。美国海军部长塞缪尔·L.索瑟德在一份日期为1823年12月1日的报告中说，R.T.斯宾塞和马修·C.佩里"短期内都在非洲海岸巡航，贯彻实施美国政府的政策……他们既没有看到也没有听到任何插着美国国旗的贩奴船"。

塞缪尔·L.索瑟德（1787—1842）

---

① 参见《美国国家报纸——海军事务》第一卷，第1099页。——原注

## 第 15 章 海军与奴隶贸易

此后，美国海军禁止奴隶贸易的工作仅局限在利比里亚。1839 年，有关贩奴船使用美国国旗的频繁报导引发了舆论热潮，美国政府被迫采取了一些措施。双桅船"海豚"号和纵帆船"虎鲸"号被派到非洲海岸，但其实只起了一些震慑作用。纵帆船"虎鲸"号的船长约翰·S.佩因接到命令前往非洲海岸镇压奴隶贩子，他以为在各国法律允许的范围内，自己可以随意采取措施完成任务。他发现很多贩奴船备有两份文件。然而，根据法律，约翰·S.佩因对插有其他国家国旗的贩奴船没有执法权。但英国与许多国家签订了包括搜查权在内的条约，除了插有美国国旗的船只，英国巡航舰可以搜查来到非洲海岸的任何船。

19 世纪初的美国海军

面对贩奴船携带的两份文件，美军上校约翰·S.佩因和英军中校威廉·塔克一致同意，无论何时，"虎鲸"号都可以扣留任何一艘插有其他国家国旗的贩奴船，但不能搜查，只能等待英国巡航舰前来搜查。与此同时，英国巡航舰可以扣留插有美国国旗的贩奴船，但不能搜查，直到"虎鲸"号前来搜查。当约翰·S.佩因将自己的计划报告给华盛顿时，华盛顿立即回复说他的计划"违背了众所周知的美国政府的原则"。奴隶海岸长达三千英里。约翰·S.佩因接到命令去"搜捕"所有美洲贩奴船。

根据1842年签订的《阿什伯顿条约》，美国必须在非洲海岸维持一支"数量充足且能够胜任的"海军分遣舰队，以便禁止奴隶贸易。英国也受到相同条款的约束。

1858年4月21日，美国总统詹姆斯·布坎南交给美国参议院的一份文件包含下面两张表格，记录了英国海军分遣舰队1843年到1857年的军舰数量和枪支总数，以及美国海军分遣舰队1843年到1857年的军舰数量和枪支总数，具体如下：

| 英国 | | | | | |
|---|---|---|---|---|---|
| 年份/年 | 军舰/艘 | 枪支/支 | 年份/年 | 军舰/艘 | 枪支/支 |
| 1843 | 14 | 141 | 1851 | 26 | 201 |
| 1844 | 14 | 117 | 1852 | 25 | 174 |
| 1845 | 20 | 180 | 1853 | 19 | 117 |
| 1846 | 23 | 245 | 1854 | 18 | 108 |
| 1847 | 21 | 205 | 1855 | 12 | 71 |
| 1848 | 21 | 208 | 1856 | 13 | 72 |
| 1849 | 23 | 155 | 1857 | 16 | 84 |
| 1850 | 24 | 154 | — | — | — |

| 美国 | | | | | |
|---|---|---|---|---|---|
| 年份/年 | 军舰/艘 | 枪支/支 | 年份/年 | 军舰/艘 | 枪支/支 |
| 1843 | 2 | 30 | 1851 | 6 | 96 |
| 1844 | 4 | 82 | 1852 | 5 | 76 |
| 1845 | 5 | 98 | 1853 | 7 | 136 |
| 1846 | 6 | 82 | 1854 | 4 | 88 |
| 1847 | 4 | 80 | 1855 | 3 | 82 |
| 1848 | 5 | 66 | 1856 | 3 | 46 |
| 1849 | 5 | 72 | 1857 | 3 | 46 |
| 1850 | 5 | 76 | — | — | — |

## 第 15 章 海军与奴隶贸易

事实上,在任何一段值得提及的时期,美国都未在非洲海岸拥有条约规定的八十支枪。上述表格说明的是分配给海军中队的枪支,而不是军舰真正拥有的枪支。

根据《阿什伯顿条约》,海军准将马修·C.佩里是第一个前往非洲海岸的军官。1843 年 4 月 6 日,他收到了命令,1843 年 8 月 1 日到达了利比里亚。条约签订一年后,美军才在非洲海岸有了第一支枪。当时,利比里亚还是美洲的一个自由殖民地。

马修·C.佩里的军舰"萨拉托加"号是一艘护卫舰,但当时的海军需要的是轻便快速的纵帆船。"鼠海豚"号也曾在奴隶海岸巡航。马修·C.佩里发布给"鼠海豚"号副舰长的指令可以用下面一段话总结。这段话选自 1843 年 8 月 1 日的一封信:

> 对我来说,有必要补充的是,在你的抵抗能力范围内,你绝不能允许任何武装力量或外国战舰在行使既定的搜查权时,不顾你的

"鼠海豚"号

禁止登上任何一艘插有美国国旗的船。然而,当你自己的军官搜查插有美国国旗的船时,你应该时刻保持警觉。此外,如果发现有船只没有经过授权就插着美国国旗,而你自己没有理由扣留它时,应该立即通知视野范围内的其他军舰,说你正在检查的船没有权力得到你的干预或保护。

"迪凯特"号也曾在奴隶海岸巡航,船长收到的命令是:"我希望你能在时间和局势允许的情况下,让军舰出现在尽可能多的奴隶贸易市场。"

这条命令让我想起了一个保护野生动物的警员。这个警员受雇于纽约州,主要工作是防止偷猎者在淡季的时候捕杀阿迪朗达克山上的鹿群。一些守法的公民曾告诉这个警员,说纽约州中部城市尤蒂卡的恶棍正在小黑溪湖附近捕杀鹿群。得到消息后,这个警员说:"我马上去阻止他们。"于是,他开车行驶在林间道路上,将自己的卡片张贴在了小黑溪湖附近的许多木桩上。

这个警员说:"这样可以吓走那些恶棍。"然后,就开车回家了。

"迪凯特"号

## 第 15 章　海军与奴隶贸易

马修·C. 佩里遇到了一艘英国巡航舰，因此，他得知了美国船"伊利诺斯"号和"莎士比亚"号的故事。这两艘船将商品运到奴隶海岸，卸货后装载了很多奴隶。随后，船上升起美国国旗，在海面上渐行渐远。"伊利诺斯"号从马萨诸塞州的格洛斯特出发，归百盛公司所有。

1842 年 8 月 9 日，签定《阿什伯顿条约》后，英国在发布给英国海军军官的指令中写道："驻扎在非洲海岸的英国军舰的指挥官应该记住，你们没有职责捕获、参观或干预美国船只，无论这些美国船只是否载有奴隶。"

英国军官对拥有美国文件的船只没有执法权，他们甚至收到命令，不用拦截挂有美国国旗的船。

与此同时，值得注意的是，马修·C. 佩里也曾接到指令，称："一个国家的军舰应该尽可能地与另一个国家的军舰结伴巡航，以便双方行使权利，防止自己国家的国旗被滥用。"

当然，"主张权利"应该放在首位。联合巡航与其说是制止奴隶贸易，不如说是使英国巡航舰远离美国奴隶贩子。

美国内战前，"联合巡航"是华盛顿的官员经常提到的术语之一。每届政府都相信"联合巡航"是制止奴隶贸易的正确方法。

1855 年至 1857 年，一名支持奴隶制的牧师在美国海军驻非洲分遣舰队上服务，他在自己的著作《非洲西海岸的冒险与见闻》第三百一十八页写道："一开始，联合巡航在精神和文字上都是无效的。去查问哪一方应该为不履行条款承担更多责任是没有价值的。然而，可以肯定的是，如果双方都能全身心投入并充分理解合作的意义，那么条约的目标就能更好地实现。英美两国并不关心联合巡航，这一点可以从一份声明中看到。这份声明记载：'1855 年至 1857 年，英美两国的海军分遣舰队只在海上相遇过一次。它们相隔两英里，通过信号认出了对方，并通过相同方式进行了交流。一方问：'有什么信息交流吗？'另一方回答：'没有什么可以交流的。'"

1843 年 9 月 5 日，马修·C. 佩里在写给 A.P. 厄普舍部长的一封信中，总结了作为美国海军分遣舰队中校，他在非洲海岸制止奴隶贸易的结果。他写道："我没有听说任何美国船参与奴隶贸易，我也不相信会有多年参与奴隶贸易的美国船。"

A.P. 厄普舍（1790—1844）

马修·C. 佩里故意忽略了"伊利诺斯"号和"莎士比亚"号。此外，1843年，针对里约热内卢盛行的说法，美国领事亨利·A. 怀斯写道："在一些国家，我们成了一个代名词，代表唯一可以从事奴隶贸易且无须惧怕英国巡航舰的民族。"在这种情况下，贩奴船可以"将光荣的美国国旗变成海盗船的旗帜"。

我们现在可以明白，为什么马修·C. 佩里会被委以重任，不仅在与墨西哥的战争中指挥"海湾"分遣舰队，后来还率领舰队远征日本。奥利弗·哈泽德·佩里的名字将受到人们的尊敬，他的海上光辉事迹将被世人铭记。但他的兄弟马修·C. 佩里使每一个以美国海军为荣的人蒙羞。美国的巡航制度令人愤怒，但在这一制度下，马修·C. 佩里是海军准将最合适的人选。

除了海军准将马修·C. 佩里，与这段历史相关的海军军官还有海军上将

## 第 15 章 海军与奴隶贸易

安德鲁·赫尔·富特。当时,安德鲁·赫尔·富特还是一名中尉,以双桅船"佩里"号船长的身份来到奴隶海岸。

安德鲁·赫尔·富特是一个真诚的人,但由于他性格乐观,人们总是认为美国海军分遣舰队的成就是他取得的。他贯彻了自己收到的命令的精神,投入大量精力搜寻英国巡航舰,因为英国巡航舰被指控登上了美国船只。在一本描述他在奴隶海岸的经历的书中,他用大量篇幅告诉我们:"美国海军准将在相关文件和其他证词中坚称,善意的美国船只受到了阻挠,无论它们从事的是合法贸易还是非法贸易。它们宁可作为贩奴船被捕获,也不愿受制于英国巡航舰。"

尽管如此,安德鲁·赫尔·富特在奴隶海岸的工作依然很出色。他的书中讲述了一些有关贩奴船的故事,其中一个故事描述了捕获美国三桅帆船"庞斯"号的过程。1845 年 10 月 30 日,"庞斯"号被捕,船长是詹姆斯·贝里。"庞斯"号曾在卡奔达待了二十天。其间,英国巡航舰"小天鹅"号封锁了卡奔达。

安德鲁·赫尔·富特(1806—1863)

但有一次，"小天鹅"号不得不前去寻找物资。因此，詹姆斯·贝里将"庞斯"号移交给了一个叫加拉诺的葡萄牙奴隶贩子。1845年10月30日傍晚，"庞斯"号载着九百零三名奴隶出发了。

为了躲过离岸的巡航舰，"庞斯"号一直沿海岸行驶。天亮时，詹姆斯·贝里看到了英国巡航舰的部分船帆，于是，他命船员收起了"庞斯"号的船帆，继续在碎浪中漂浮。当地人来到沙滩上，希望"庞斯"号能上岸。然而，"庞斯"号既没有登陆也没有袭击英国巡航舰，一直漂浮在大海上。

与此同时，贩奴船"约克镇"号在中途停留，船长是贝尔。但其他贩奴船都以为"约克镇"号是一艘英国巡航舰，立刻挂起了美国国旗，因此，"约克镇"号成了美国战舰的合法战利品。葡萄牙船长盖上了舱口。但美国海军军官一登上船，就打开了舱口。"船上的奴隶们发出一阵叫喊声，甚至一英里外都能听见。"

"约克镇"号上没有安置奴隶的甲板。船上约有八百五十名奴隶被成批安放在水桶或装食物的桶上面。十八名奴隶已经去世。在前往蒙罗维亚的途中，一百五十多名奴隶死了。准备登陆前，八名奴隶死在了海港上。

安德鲁·赫尔·富特的主要战利品是一艘大船，叫"玛莎"号。1850年6月5日，"佩里"号到达了安布里什，试图搜寻旗舰"约翰·亚当斯"号，

"佩里"号到达安布里什

第 15 章 海军与奴隶贸易

但得知"约翰·亚当斯"号已经去了罗安达。随后,"佩里"号再次起航,第二天在海岸边看到了一艘大船。1850 年 6 月 6 日下午 4 时,"佩里"号停了下来。与此同时,"佩里"号并没有插美国国旗,但那艘陌生大船升起了美国国旗,船尾印有其名字和港口名称"玛莎,纽约"。

于是,"佩里"号的船长派一只小船接近"玛莎"号。"玛莎"号的船长看见了"佩里"号上的军官穿的制服,知道这是一艘美国巡航舰。同时,"玛莎"号上的美国国旗降了下来,随后升起了巴西国旗。在"佩里"号的对面,"玛莎"号上的一张写字桌被扔进了海中。

美军上校拉什登上"玛莎"号的甲板时,一个自称是船长的葡萄牙人提出了抗议。但拉什说,"玛莎"号将文件扔进了海里,已经表明自己是贩奴船,因此,它是美国海军的合法战利品。写字桌被打捞上来后,里面

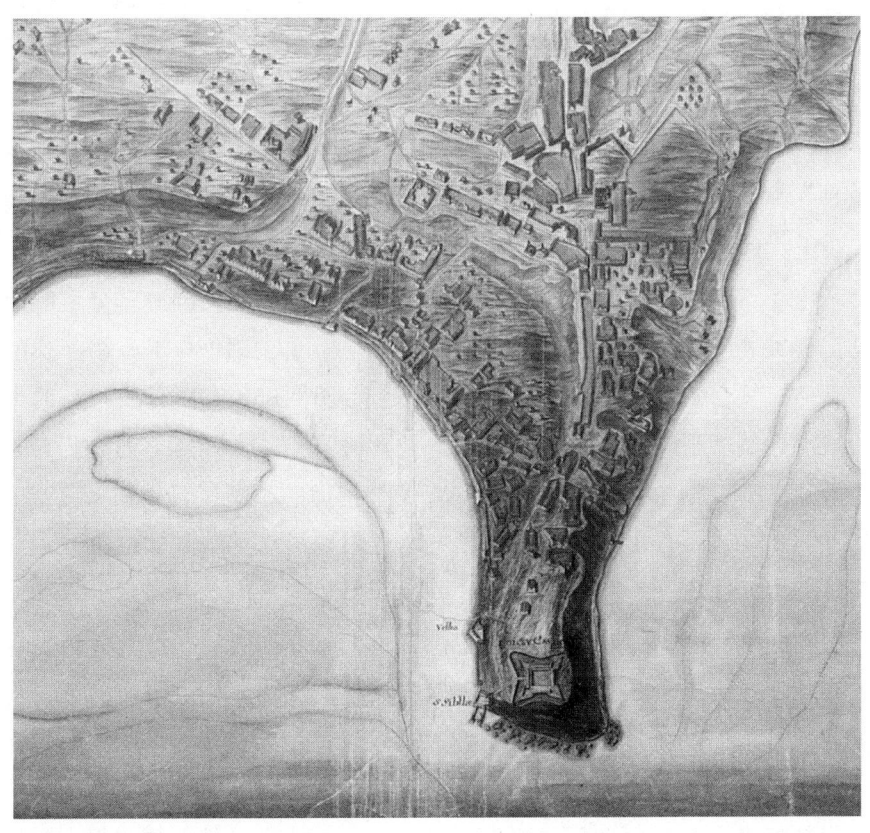

罗安达

的物品随之被曝光。"玛莎"号真正的船长虽然化装成了一个普通水手，但还是被发现了。船长最终承认"玛莎"号是一艘贩奴船，并打算在船上装载一千八百名奴隶。

"玛莎"号及其所有船员都被运到了纽约，并在那里被判有罪。"玛莎"号的船长当场交了三千美元保释金，然后被无罪释放。奴隶贩子们并没有营救"玛莎"号的大副，因此他被判有期徒刑两年。

当时，美国法庭经常上演的闹剧在这起案件中得到了完美呈现，因为贩奴船船长携带一船奴隶登陆后，譬如四百名奴隶，一般会得到一万两千美元报酬。但美国法庭很少要求犯人支付超过五千美元的保释金。

值得一提的是，安德鲁·赫尔·富特捕获"玛莎"号时，将"玛莎"号上"所有船员戴上了镣铐"，并且告诉"其他美国和巴西船长，以及三四个可能是奴隶经纪人的乘客，如果他们试图反抗，一定会受到相同的待遇"。因此，船长和乘客们一直安静地待在船舱里。

安德鲁·赫尔·富特宣称，1849年，里约热内卢贩奴船上的奴隶尸体引发了黄热病，夺走了成千上万白人的生命。他的话是正确的。即使是现在，这也是一个值得我们深思的事实。奴隶们遭受的苦难以复仇的方式降临到了白人身上。这是一条普遍的偿还法则。

安德鲁·赫尔·富特相信，19世纪50年代早期，美国海军分遣舰队的活动已经终止了奴隶贸易，但他错了。这一点可以在1860年海军部长的报告中得到证实。在这份报告中，海军部长提到了1859年作为战利品的十一艘贩奴船。其中最重要的贩奴船之一是"伊利"号。1860年8月8日，"伊利"号驶离刚果时，被西尔维斯特·W.戈登指挥的小型风帆战船"莫希干"号捕获。"伊利"号上共有八百九十七名奴隶，最后活下来的奴隶在蒙罗维亚登陆。

1860年捕获的贩奴船的数量值得注意。表面上来看，我们会认为詹姆斯·布坎南政府的确在努力执行制止奴隶贸易的法律。然而，事实上，詹姆斯·布坎南政府的一连串活动只是扩大了奴隶贸易的范围。詹姆斯·布坎南总统和海军部长艾萨克·托西递交给国会的报告中说，政府"在努力制止非洲海岸的奴隶贸易方面非常积极"。但实际上，他们只想兼并古巴。在报告

艾萨克·托西（1792—1869）

的同一页，艾萨克·托西鼓吹他的海军部"很活跃"[①]，并说："现在，古巴是世界上唯一对奴隶贸易开放的市场。如果古巴同意被美国兼并，并同意接受美国《宪法》的制约，那么奴隶贸易将会得到有效遏制。"

---

① 参见1860年美国海军部长报告，第9页。——原注

# 第 16 章
# 自由黑人殖民地和奴隶贸易

## 精彩看点

塞拉利昂殖民地——逃亡黑奴——美国自由黑人迁移协会的起源——梅苏拉多角——团结起来的利比里亚民族——虚伪的慈善家

1772年6月22日，曼斯菲尔德伯爵威廉·默里宣告黑人詹姆斯·萨默塞特应当被释放时，占统治地位的白人必须考虑的一个新问题出现了。随着时间的流逝，这个问题变得越来越重要，甚至转移到了美国。在美国，这一问题成为美国人必须严肃讨论的话题，即应该怎样对待被释放的黑人？

曼斯菲尔德伯爵威廉·默里命奴隶主逐个供养詹姆斯·萨默塞特和所有被解放的奴隶。这项政策很容易实现。但美国独立战争后，英格兰人面临的最主要问题是应该怎样对待被释放的黑人，因为在美国独立战争期间，英格兰人带走了大量美洲奴隶。

新斯科舍原本没有奴隶，英格兰人带走的大多数奴隶都在那里登陆。在西印度群岛，黑人们的生活可能会更舒适一些，但并没有被当地人接受。因为奴隶主逐渐意识到，种植园中的自由黑人对自己构成了威胁。一个黑人奴隶很少想到自己生来与主人平等，但当他看到自由黑人可以随心选择工作或不工作，而且工作后还会收到工资时，黑人奴隶才开始思考自己与生俱来的权利。对奴隶主来说，奴隶们开始思考是一个非常严重的问题。在牙买加，这个问题变得尤为严重，因为奴隶们为了自由逃到山上，并组织了劫掠团体。后来，牙买加政府派军队前去山上搜寻逃亡奴隶，甚至动用了猎犬。军人们杀死了许多逃亡奴隶，也逮捕了很多奴隶。因此，牙买加的奴隶问题暂时得到了解决。

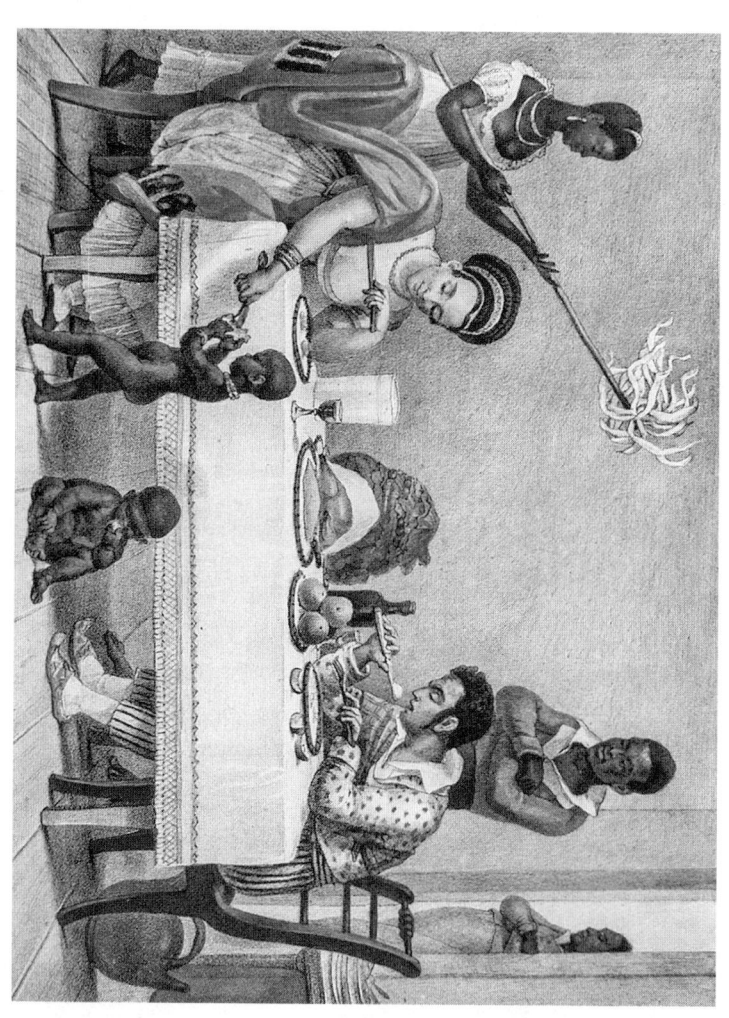

自由黑人一般都是无产者,只能选择给白人当仆人或别的职业

自由黑人有时也会被雇主惩罚，但比起在种植园劳作的奴录，他们的境况要好好得多

与此同时，英格兰人发现，战后被释放的黑人挤满了英格兰的许多港口。因此，18世纪末，三类自由黑人逐渐引起了人们的注意，他们是来自美洲的奴隶、来自海军的水手以及来自牙买加的逃亡奴隶。

　　史密山姆是一个英格兰人，曾在塞拉利昂山脚下住过一段时间。作为解决问题的第一步，他想出了一个主意，即为被释放的黑人建立一个非洲殖民地。1783年，这个话题第一次被谈及。1783年8月1日，格兰维尔·夏普的《备忘录》提到了相关话题。格兰维尔·夏普赞成史密山姆的主意。最终，英国政府批准了一笔交通费用，为每个黑人发放了十二英镑的补贴，还特批了一艘船，同时派小型风帆战船"鹦鹉螺"号为其护航，由汤普森担任船长，定于1787年4月8日向塞拉利昂进发。四百多名奴隶聚集在英格兰港口，同时还有六十名欧洲人。到达塞拉利昂后，殖民地的开拓计划正式启动。

　　由于疟疾肆虐，第一批殖民者大量死亡。从新斯科舍来到塞拉利昂的大多数黑人也因为疟疾失去了生命。醉酒和无所事事可以帮助殖民地度过无政

奴隶逃亡后一旦被捉回，轻则一顿鞭打，重则丢掉性命

府状态时期。与土著居民的一场战争几乎消灭了殖民地的其余幸存者。最终，1800 年，一批来自牙买加的五百五十名逃亡奴隶来到塞拉利昂，避免了殖民计划的彻底失败。这是一个漫长的故事，在此无法详细描述。我们只需要记住，拯救塞拉利昂殖民地的人是那些曾经不愿继续成为奴隶的人，他们在牙买加的旷野里找到了自由，却没有躲开基督教信徒驯养的猎犬。

作为被释放的黑人的避难所，塞拉利昂殖民地得以建立。这一消息传到了美国。美国的奴隶主曾经十分害怕自由黑人发起暴动。

最令奴隶主烦恼的问题得到了解决。解决方式符合人道主义者的诉求，他们愿意在不违反所在州的法律的前提下，力所能及地交出自己的奴隶。同时，这也符合奴隶主的意愿，因为他们的残酷暴行其实是内心懦弱的一种表现。人道主义者很愿意给予奴隶自由，奴隶主也很乐意摆脱因害怕而心生怨恨的自由黑人。

虚伪的慈善家很高兴听到这项殖民计划。他们愿意用最轻松的方式为不幸的人做一些事。

殖民计划实施一个世纪后，如果公正地看待这个问题，我们发现，将自由黑人迁移到非洲的计划主要是建立在懒惰和懦弱的基础上的。如果只谈论利比里亚，我们必须说利比里亚的建立是因为懦弱和懒惰。同时，许多正直真诚、甘于奉献的人与利比里亚和塞拉利昂殖民地有一定关联。一些人为了保护黑人的权益，遭受了很多痛苦。他们的故事让人心生悲痛。

实际上，在美国独立战争爆发前，一些人已经考虑过建立自由黑人殖民地的计划。但直到建立塞拉利昂殖民地后，他们才做了一些实际的事情。1800 年 12 月 31 日，弗吉尼亚众议院要求州长与总统通信，讨论"突破弗吉尼亚州的领土限制购买土地。在这些领地上，破坏法律或对社会和平构成威胁的人将被转移"。其他州的立法也通过类似的方式考虑了这个问题。有消息称自由黑人将被运送到海地。有人认为路易斯安那的部分领土可以成为自由黑人的定居点。最终，1816 年 12 月 21 日，华盛顿召开了会议，"目的是建立殖民协会"。亨利·克莱主持了会议。1816 年 12 月 28 日，殖民协会的组织工作完成。协会的章程开篇如下：

亨利·克莱（1777—1852）

第一条 本协会应被称作"美国自由黑人迁移协会"。

第二条 本协会的主要目标是促进和实施迁移自由黑人的计划，且需要得到自由黑人的同意，使自由黑人居住在美国、非洲或其他国会认为方便的地方。为了达到这个目标，本协会将和联邦政府合作，同时和一些可能接受迁移自由黑人相关规定的州政府合作。

殖民协会的章程是马里兰州的罗伯特·赖特撰写的。美国最高法院的官员伊莱亚斯·B.考德威尔是1816年12月21日召开的华盛顿会议的主要发言人，但约翰·伦道夫也发表了讲话。最高法院大法官布什罗德·华盛顿当选主席。亨利·克莱和安德鲁·杰克逊是十七位副主席中的两位。十七位副主席中，只有五位来自自由州。有人称，其他十二位副主席都是奴隶主，而且可以肯定的是，殖民协会的所有成员几乎都是奴隶主。布什罗德·华盛顿在不审理案件时，也参与了国内的奴隶贸易。

1880年1月20日，J.H.B. 拉特罗布发表了演讲，准确描述了殖民协会组织机构和原始成员的动机。他说，一些成员"将殖民协会看成一项传教事业"；一些成员"希望殖民协会使自由黑人远离奴隶，避免自由黑人与奴隶接触后带来的可怕后果"；一些成员"相信殖民协会可以使美国黑人在其祖先的土地上获得民权和宗教自由"；一些成员支持殖民协会，因为它有可能促进奴隶解放；一些成员期待在辽阔的大陆边界建立殖民地，促进商业的兴起；一些成员幻想非洲殖民地会为解决美国黑人问题提供参考。"

　　换句话说，一些人真诚希望为自由黑人提供避难所，使他们不再遭受压迫，并希望采取措施将基督教的庇佑和文明传播到非洲；一些人希望加快解放黑人的步伐；一些人期待通过摆脱自由黑人的干预，提升奴隶的价值；一些人想要促进象牙和棕榈油贸易；一些虚伪的慈善家希望为真正贫穷的人提供帮助，但又不愿付出努力和钱财改善这些人的境况。所有这些人组成了一个组织，目标是将自由黑人迁移到非洲。在殖民协会召开的会议上，"兢兢业业的传教士已经做好准备，决定将自己的生命奉献给非洲大地，但受到了奴隶贩子的排挤"。"谦逊克己的基督教徒正在聆听无耻的挥霍者对美国自由黑人迁移协会的赞扬。"J.H.B. 拉特罗布在协会上发言时说："如果这一切都是事实，那么很好。不管动机如何，合作都是十分必要的。"

　　根据1819年3月3日通过的法案，美国国会授权总统使用海军舰艇，"在美国的海岸及领土上，以及在非洲海岸或其他地方巡航"，以便捕获贩奴船。此外，总统可以"任命一个或多个居住在非洲海岸的代理人，管理黑人、白黑混血儿或有色人种。这些黑人、白黑混血儿或有色人种是美国武装舰艇在贩奴船上捕获的"。

　　由于美国自由黑人迁移协会的推荐，塞缪尔·培根被任命为美国政府和殖民地的代理人。约翰·P. 班克森和塞缪尔·A. 克罗泽医生是美国自由黑人迁移协会的代理人，与塞缪尔·培根有交集。美国国会曾拨款十万美元，特许"伊丽莎白"号将八十六名黑人移民送到波士顿。"考虑到他们受到的其他帮助及其航程"，塞缪尔·培根、约翰·P. 班克森和塞缪尔·A. 克罗泽医生同意"为美国巡航舰解救出来的非洲人提供住所"。

　　1820年2月6日，"伊丽莎白"号起航，并在舍伯罗登陆。在舍伯罗，

约翰·伦道夫
（1773—1833）

布什罗德·华盛顿
（1762—1829）

从政后的安德鲁·杰克逊

新贝德福德的黑人基泽尔出钱为八个家庭建立了居住点。随后，"怨声载道的移民们开始发烧"。二十五个移民死于发烧，塞缪尔·培根也生病了。剩下的移民迁移到了塞拉利昂。迁移计划进行得并不顺利。

与此同时，"阿涅"号战舰和其他战舰派几艘载有"野蛮"黑人的贩奴船前往美国接受审判。为了摆脱"野蛮"黑人，一些人通过努力建立了一个非洲殖民地。美国政府派 R.F. 斯托克顿指挥的"鳄鱼"号前去察看非洲海岸。1822 年 12 月 12 日，R.F. 斯托克顿决定将梅苏拉多角选为合适的定居点。

R.F. 斯托克顿与当地人签订了条约，但当他尝试登陆时，当地的首领预见到，建立殖民地将会阻碍自己利润丰厚的奴隶贸易。然而，R.F. 斯托克顿的外交能力发挥了作用，他获得了梅苏拉多角与垃圾河之间的大片土地，"沿海岸三十六英里，宽两英里"，其中包括梅苏拉多角。

艾尔斯医生将去过塞拉利昂的殖民者运送到了梅苏拉多角和垃圾河之间的领地，在当地人的威胁声中登陆。随后，在一个部落首领的安排下，他们越过河流到了北部，并"建了许多相对舒适的住所"。

然而，无法避免的发烧袭击了许多殖民者。与此同时，殖民者与当地人发生了争斗。一艘被捕获的贩奴船上的英国船员将贩奴船开到了岸边。当地人试图劫掠贩奴船，但殖民者为了帮助英国船员也加入了战斗。双方都死了人。殖民者拯救了贩奴船，却招致了当地人的仇恨。事实上，如果没有黑人伊利亚·约翰逊的勇气和坚韧，殖民计划可能已经失败。

当白人代理人艾尔斯医生和许多移民回到塞拉利昂时，他们"几乎绝望了"。正如美国自由黑人迁移协会的记录显示的那样，他们可能完全绝望了。伊利亚·约翰逊说："两年来，我一直在寻找家园，现在我找到了，因此，我应该留下来。"随后，伊利亚·约翰逊真的留了下来。1620 年，移居美洲的英格兰清教徒和巴尔的摩勋爵的追随者，以及法兰西的胡格诺派，他们曾面临的困境都不能与伊利亚·约翰逊的困境相提并论。伊利亚·约翰逊表现出了非凡的男子汉气概。

在此无法一一追溯建立殖民地的所有痛苦细节。可以说，虽然殖民者曾被迫与当地人斗争，并用炮火消灭了许多敌人，但建立殖民地的主要困难是无法避免的高烧。

总的来说，1824 年前，殖民者们采取的大多是自卫措施。1824 年，在殖民地的严密监视下，至少有十五艘贩奴船正在装载奴隶。一个奴隶贩子与当地首领签订了合约，承诺四个月内运送八百名奴隶。于是，殖民者发起了攻击，袭击了签订合约的首领，摧毁了关押奴隶的围栏，并释放了奴隶，迫使首领签署协议放弃了奴隶贸易。

随后，拥有三家奴隶工厂和两艘武装贩奴船的"贸易小镇"遭到了袭击。战斗从 1824 年 4 月 10 日一直持续到 1824 年 4 月 12 日。最终，"贸易小镇"被攻克，"两百桶火药彻底摧毁了它。"

海军上将安德鲁·赫尔·富特说："对奴隶贸易来说，'贸易小镇'和奴隶工厂的毁灭是一个致命打击，甚至远在南部的贝宁湾都能感受到这次打击。"

以上都是自由黑人的故事。基于这一事实，读者可能觉得以下从殖民协会的出版物中节选的文字非常值得一读。亨利·克莱在《非洲资源库》第六卷第十二页的一篇演讲中说："在对美国人口的所有描述中，自由黑人作为一个阶层是最腐败、最堕落和最寡廉鲜耻的。"《非洲资源库》第七卷第二百三十页称自由黑人是"地球上最反常、最堕落的人"。在一本期刊的第一卷第六十八页，有这样一句话："我们中有一个阶层，他们被暴力胁迫而来，一无所知，饱受堕落和痛苦的折磨，精神十分萎靡。"

与此同时，殖民协会将自由黑人殖民地命名为"利比里亚"。这个名字源于拉丁文，意为"自由的人"。

1834 年，马里兰州殖民协会成立，并通过双桅船"安"号派出了一支远征军。远征军曾在蒙罗维亚短暂停留，船上有二十五名训练有素的军人，到达帕尔马斯角后，组成了一个独立的群体，并于 1834 年 2 月 11 日登陆。1834 年，远征军"买下了巴萨湾的一大片土地，并将其送给了宾夕法尼亚的殖民协会"。与此同时，"尼努斯"号载着一百二十六名移民在此登陆，其中一百一十名移民是"根据弗吉尼亚州霍斯医生的遗嘱释放的奴隶"。其间，原来的殖民地正在扩展领地。

1836 年，纽约和宾夕法尼亚协会的代理人托马斯·布坎南来到蒙罗维亚。托马斯·布坎南是一个天生的领导者，他发现独立的各殖民地虽然相邻，但

帕尔马斯角

在贸易方面相互嫉妒，很可能催生邪恶。一部宪法为殖民地提供了一个类似美国的政府，使殖民地的联盟发挥了作用。根据该宪法，白人不能成为土地所有者，但所有黑人男性都有选举权，奴隶制被绝对禁止。但这部宪法并没能让这些殖民地成为一个国家，因为"美国殖民协会保留了否决当地立法机构法案的权力"。

虽然美国殖民协会的做法很反常，但这部宪法一直运行得不错。后来，作为殖民地联盟管理者的托马斯·布坎南开始向进口货物征税。进口货物的贸易站位于殖民地控制的领地上。一些从事合法贸易的工厂存在了很长时间，比利比里亚定居点更久远。当地人与利比里亚人签订了合约，贸易商通过类似的合约建立了相关机构。贸易商认为自己和利比里亚人一样，拥有开展自由贸易的权力。托马斯·布坎南依照一条理论行事，即利比里亚政府控制其领土，就像美国政府控制美国领土一样。

事实上，当时，利比里亚政府还没有站稳脚跟，仅由许多美国公民协会控制的定居点组成。因此，当托马斯·布坎南通过暴力手段掠夺英国公民的财物时，犯了一个错误。英国政府自然会保护其公民。为了报复利比里亚殖民地，英国巡洋舰捕获了纵帆船"约翰·塞耶斯"号。

有人呼吁美国政府接受利比里亚殖民地,就像英国当初接受塞拉利昂那样。但如果美国拒绝接受,也许可以避免海外同盟带来的麻烦,从而获得在值得开发的大陆上立足的机会。最后,美国与英国达成了妥协。

托马斯·布坎南去世后,约瑟夫·J.罗伯特作为州长继任。约瑟夫·J.罗伯特是一个政治家,也是一个天生的领导者,深受托马斯·布坎南的影响。他管辖的地区还能勉强继续发展,直到这个地区产生了一个类似共和国的组织。随后,该组织召开了大会,宣布独立,起草并实行了新宪法。1847年8月24日,利比里亚共和国的单星旗缓缓升起。

根据《非洲资源库》中1847年的人口普查报告,利比里亚殖民地在1845年的移民人口约为五千人,"本地人口在一万至一万五之间。其中,约有三百人受到了教化,可以在选举中投票"。在这份报告中,令人震惊的是,从美国移民到利比里亚的人中,约有五分之一的人死于水土不服引起的发烧。另一份权威资料显示,从美国移民到利比里亚的白人平均只能活三年。

1857年,受人尊敬的查尔斯·W.托马斯牧师报告说,利比里亚拥有"六百多英里海岸线,国土面积三万平方英里,有一万受过教化的黑人和二十万野蛮的土著居民"。但这只是一份粗略估计。

1857年,利比里亚政府的收入是四万七千五百五十六美元,支出为四万七千零四十八美元。查尔斯·W.托马斯说:"国库盈余五百美元。但事实上,许多政府官员都是高尚的爱国人士,虽然工资很少,但他们总是推迟支取全额工资,直到政府有能力支付工资。"

利比里亚后来的历史无须赘述。1879年,利比里亚殖民地曾请求美国国会赞助两万五千美元。也许这一事实已经足够说明问题。

后期的美国自由黑人迁移协会依然具有足够的能力支持协会主席并出版年

约瑟夫·J.罗伯特(1809—1876)

度报告，但它已经无法引起美洲黑人的不满。从成立起，该协会的成员就是一群装模作样的慈善家。当我们再次提起这个协会，并将其所作所为视为一种警示留存时，19世纪末兴起的黑人工业学校将很快消灭它。

# 第 17 章
# 海岸贩奴船

**精彩看点**

纽约监狱的黑人被送往新奥尔良——偷走新泽西州的奴隶——失去奴隶的贩奴船——麦迪逊·华盛顿——约书亚·R.吉丁斯——非法交易的规模

根据1807年3月2日通过的法案，美国禁止了奴隶贸易，但对海岸附近的奴隶贸易持保留态度。该法案的第八条和第九条规定，"在海岸贸易中，负重少于四十吨的轮船或舰艇不得装载或运输奴隶到任何港口或地方"，否则会面临每名奴隶八百美元的罚款。然而，任何"负重四十吨以上的轮船或舰艇从美国港口航行至美国管辖范围内的其他港口或地方"，填写一份一式两份的黑人名单，详细描述每个黑人，并在起航前将黑人名单交给港口的收税员后，可以装载奴隶。该法案对奴隶的运输数量没有特别限制，也没有针对奴隶安全的条款，更没有关于奴隶健康和食宿的规定。此外，从繁殖黑奴的弗吉尼亚种植园到新奥尔良市场，其间所需的航行时间可能与从非洲到西印度群岛的时间一样。

关于这部法案的运行，曾有一些奇怪的故事。本书作者找到的第一个故事出现在一份公共文件中提到的文献里，这份公共文件收录在1815年9月30日的《奈尔斯登记册》中。故事讲述了一个事实。"纽约纵帆船'辛西娅'号上有一个叫凯瑟琳·理查森的女人"，"船长是查尔斯·约翰逊"。查尔斯·约翰逊将船停靠在一个英国港口，他的一个奴隶设法到达了海岸并找到了一些朋友。这些朋友依据禁止进口奴隶的英国法律，帮助凯瑟琳·理查森获得了自由。这件事发生在1811年。

1817年2月8日的《奈尔斯登记册》中引用的一份新奥尔良文件写道："一个残忍的投机商解散了纽约市关押黑人的监狱，将监狱囚禁变成了流放，然后用轮船将七八十名黑人送到了一个地方。但投机商对最终获得的利润很失望。我们怀疑他可能会清除船上的'货物'，因为他所属的公司已经命令这艘载有盗贼和流氓的船继续航行。"

当时，《奈尔斯登记册》并没有雇用专业的幽默作家。有时，编辑们虽然感到愤怒，但无意中也会透露出幽默。譬如，"1817年，将七十名健壮的黑奴运送到新奥尔良，以此剥夺黑奴主人取得丰厚利润的机会"。如果编辑补充说，"丧尽天良的纽约正将可憎的非法交易强加在无助却愤怒的路易斯安那身上，正如邪恶的英国人将可憎的非法交易强加在无助却愤怒的美洲殖民地身上那样"，那么这篇社论可以作为一篇抨击报道印刷出来并长期保存。

1818年6月，一篇相似的社论说："由于一些势力强大的海盗，黑奴贸易似乎开展得如火如荼。这些海盗将总部设在新泽西州。我们相信，新泽西州的好人很快会将他们驱逐出去。在新奥尔良，一艘载有三十六名黑人的船只被捕获，原因是它没有依照法律要求填写奴隶名单。这艘船在珀斯安博伊附近接收了黑奴，但大部分不幸的黑奴可能是被偷来的。"

也就是说，新泽西州的自由黑人遭到了绑架，并被带上船运到新奥尔良出售。这完全是名义上被禁止的非洲奴隶贸易的特征之一。虽然赫齐卡亚·奈尔斯没有给出这艘船的名字，但可以肯定的是，这艘船是1818年3月10日从珀斯安博伊起航的双桅船"玛丽安"号。

1829年底，纵帆船"拉斐特"号从诺福克出发前往新奥尔良，船上有一百多名奴隶。奴隶们曾试图反抗船员，但被镇压了。在接下来的航程中，二十五名奴隶被"螺栓钉在甲板上"。这是我发现的海岸贸易的第一次暴动。其他更有趣的故事将在下文讲述。

为了充分理解接下来的故事，读者需要回想英国议会在1833年通过的、1834年8月1日生效的一部法案。在某一方面，这部法案是人类自由历史上最著名的法案，因为在其他情况下，人们做的一些高尚的事只是为了自身的自由。与这部法案相关的一个事实是，为了使黑人获得自由，英国自愿征收了高达两千万英镑的税款。三十多年里，英国每年有计划地将五十多万英镑用在了非洲。为了备受压迫的黑人，英国牺牲了许多优秀水手的生命。与此同时，有一次拨款时，英国在所有花费的基础上增加了两千万英镑。占统治地位的种族应该对其他种族承担责任。英国政府承认了这一责任，并做了许多与废除奴隶制和奴隶贸易相关的工作，在世界史上意义重大。

1834 年 8 月 1 日，英国彻底废除了终身奴隶制。当时，其他国家的立法都是建立在一个残忍的观点之上的，即如果一个种族在精神和体能方面占有优势，那么它就拥有掠夺其他种族自由的权力，甚至可以压榨其他种族，以此增强优越感。

1830 年，美国弗吉尼亚州的亚历山大市被称为"人畜贸易中的奥马哈"。奴隶贩子将奴隶们集合在一起，以便将其转移到需要奴隶的海湾国家。1830 年，双桅船"彗星"号在亚历山大市装载了奴隶，前往新奥尔良出售。但航行途中，"彗星"号在巴哈马群岛的福尔斯基斯失事。肇事者将船员和奴隶运送到了巴哈马首都拿骚。当地政府认为奴隶都是自由的，因为英国法律禁止引入奴隶。

1834 年，运输奴隶的双桅船"颂词"号从查尔斯顿出发前往新奥尔良，在同一地点遭受了相同的命运，奴隶们因此获得了自由。

亚历山大市

"事业"号满载从华盛顿哥伦比亚特区运来的奴隶，打算前往新奥尔良市场。当时，这艘船因船上的临时禁闭处闻名。1835年2月20日，迫于天气压力，"事业"号进入了百慕大群岛。

　　百慕大群岛的"黑人友好协会"立即发出了人身保护令，并将消息传达给了感兴趣的民众，同时将"事业"号上的七十八名黑奴、奴隶主和贩奴船船主带到了法庭上。1835年2月20日晚上9时，"事业"号上的所有人出现在了法庭。贩奴船船长试图将听证会推迟到第二天，从而找机会出海，但他的所有努力都是徒劳。贩奴船船长也曾答应奴隶们，如果他们告诉法庭自己愿意继续航行，就会得到一笔可观的钱。

　　所有奴隶都到庭后，首席大法官命人传唤了其中一个黑人，并说道："你的名字叫乔治·哈米特，在双桅船'事业'号上成了一名奴隶。我知道你是被迫关押在船上的。我的职责是告知你，在这个国家，你是自由的，和白人一样自由。如果你希望留在这里，不愿意继续航行到某一个港口，并在那里被捆绑着出售或作为奴隶干活，那么你就会受到本地政府的保护。如果正如我说的那样，你真的决定留在这里，你将成为一个自由人，但如果你违反了本殖民地的法律，将会受到惩罚。如果你遵纪守法，诚实勤奋，那么你将受到所有人的尊重。因此，你希望留下来成为自由人，还是继续航行，直至到达终点港口继续为奴？"

　　除了一个带有五个孩子的女人，其他奴隶都宣称愿意留下来。这个女人和五个孩子作为奴隶继续航行，最终到达了目的地。

　　"扭动狮子的尾巴"的意思是反对英国。当时，这一生动形象的短语还没有被创造出来，但反对英国的现象已经非常普遍。美国与西班牙的战争曾向我们表明，英美两国之间存在真正天然的情感纽带。与贩奴船运送奴隶相关的是，美国国会成员"扭动狮子的尾巴"的方式令人惊讶。

　　在约翰·罗斯金的《现代画家》中，狮身鹫首的怪兽图片生动表现了英国人的态度。当时，英国人变得越来越沉着机警，已经准备好履行国家义务。

　　建立在自然权利基础上的国际法要求，船只上的所有财物对船主来说是神圣的。但一个问题很快出现，即奴隶主对奴隶是否具有财产权。根据美国法律，奴隶是奴隶主的财产①。根据英国法律，1834 年 8 月 1 日，在英国管辖范围内的所有地方，奴隶主不再对奴隶拥有财产权。

英国政府充分讨论了这一问题，帕默斯顿子爵亨利·约翰·坦普尔说："'颂词'号和'彗星'号上的奴隶属于非法释放，因为当他们来到英国的管辖范围后，英国法律认可了将人作为财产的做法。因此，购买奴隶需要支付钱。'事业'号上的奴隶到达英国时，英国的土地和水都是免费的，他们不需要支付钱。这一决定是 1837 年宣布的。从 1837 年开始，作为国际法的特征，对奴隶拥有的所有权被"永远终止和结束了。"

然而，类似的问题再次出现。1841 年 10 月 25 日，在罗伯特·恩索尔船长的指挥下，"克里奥尔"号从弗吉尼亚州的里士满起航，向新奥尔良进发。

亨利·约翰·坦普尔（1784—1865）

---

① 参见《逃亡奴隶法》。——原注

船上有三名白人乘客，即船长的妻子、孩子和侄女。货舱里有一百三十五名奴隶，他们将被运往新奥尔良市场。1841年10月27日，"克里奥尔"号经过了海角，一直航行得很顺利。1841年11月7日，"克里奥尔"号距拿骚还有约十二小时的航程。

在"克里奥尔"号上的奴隶中，有一个叫麦迪逊·华盛顿的奴隶。他的性格很特别。他逃离了弗吉尼亚州，在美国废奴派"地下铁路"秘密组织的帮助下，安全到达了加拿大的自由领土。然而，他想起自己的妻子还在种植园。出于对妻子的爱，他又回到了种植园，试图带妻子一起逃离。他安全到达了种植园，但还没来得及带妻子离开，就被种植园主抓住了。

当时，逃亡奴隶的结局都是一样的。麦迪逊·华盛顿遭到了无情的鞭打，随后被卖到了新奥尔良市场。对一个普通的黑奴来说，登上一艘新奥尔良船就等于失去了希望，但对麦迪逊·华盛顿来说，却是一个获得自由的机会。

1841年11月7日晚上8时，由于前方存在航行危险，"克里奥尔"号上的船员准备停船过夜。1841年11月7日晚上9时30分，有人向甲板上的大副Z.C.吉福德报告说，一个男性奴隶出现在了女性奴隶中。Z.C.吉福德检查了船舱，发现了麦迪逊·华盛顿。Z.C.吉福德并没有理解麦迪逊·华盛顿的意图，于是将他带到了甲板上，准备惩罚他。突然，麦迪逊·华盛顿开始反抗。但不知是谁开了一枪，射中了大副的后脑勺。大副伤得很重，麦迪逊·华盛顿大喊："来吧，伙计们！既然我们已经开始反抗，就一定要坚持到底。"

麦迪逊·华盛顿事先策划了叛乱，其他黑奴正在等待他侦察货舱，以此作为袭击船员的信号。

在打斗中，一名白人丧生，几名白人受伤，但没有一名黑奴受伤。十分钟后，麦迪逊·华盛顿控制了"克里奥尔"号。通过威胁和许诺，麦迪逊·华盛顿将船行驶到了拿骚港，到达时间是1841年11月9日早上8时。

美国领事立即采取了措施，让"克里奥尔"号上的船员重新指挥船只。拿骚港的民众和当局知道"事业"号在百慕大群岛的情况后，都认为"克里奥尔"号上的奴隶应该被释放。虽然黑奴中只有十九人积极参与了袭击船员的事件，而且领事和船员指控这些奴隶犯了叛乱和谋杀罪，但黑奴们都获得了自由。然而，黑奴们依然一直关在"克里奥尔"号上。

为了陈述清楚奴隶主的情况,我们可以引用亨利·克莱的话。他说,"克里奥尔"号是通过"暴乱和谋杀"来到拿骚的。如果英国当局处罚了"这一罪行","美国人将失去在美国沿岸开展贸易获得的利润,因为美国船只不能将奴隶从一个港口安全运送到另一个港口"。显然,根据美国法律,亨利·克莱的话完全是合情合理的。然而,根据英国法律,奴隶主对奴隶没有财产权。英国的法律规定:"所有人生而自由。"被迫成为奴隶的黑人为了获得自然权利,杀死了奴隶主,这种行为是正当的。"克里奥尔"号驶入英国水域后,根据英国法律,船上的奴隶应该获得自由。后来,除了自愿继续航行到新奥尔良的五名奴隶,"克里奥尔"号的其他黑奴都获得了自由。

值得一提的是,作为俄亥俄州众议院的成员,约书亚·R.吉丁斯为这一议题准备了许多决议。在这些决议中,约书亚·R.吉丁斯维护了黑奴获得自

约书亚·R.吉丁斯(1795—1864)

由以及为自由采取武力措施的自然权利。他将决议带到了众议院，并发出通知说他将要求众议院考虑这些决议。众议院的投票结果是以一百二十五票赞成票比六十九票否决票。因此，约书亚·R.吉丁斯受到了责难。表面上看，这件事非常引人注目。赞成奴隶制的成员竭力反对约书亚·R.吉丁斯，不愿让约书亚·R.吉丁斯为自己辩护或解释提出决议的目的。与其他人相比，这种不公平的行为使约书亚·R.吉丁斯受到了更多伤害。约书亚·R.吉丁斯辞职回家，但五个星期后又被选民们请了回来。

因此，在奴隶与自由州不可避免的冲突中，发生在海岸贩奴船"克里奥尔"号上的暴乱成了一首重要插曲。

海岸贩奴船运送奴隶的数量并不清楚，但从相关事实中，我们得到了一些信息。1836年10月8日的《奈尔斯登记册》引用了《弗吉尼亚时报》中的一篇文章。这篇文章吹嘘说，在过去的一年中，弗吉尼亚州至少将四万名奴隶出口到了其他州。弗吉尼亚州从每个奴隶身上获利六百美元或共获利两千四百万美元。有人给纽约《商业日报》写了一封信，信中说每年约有两万名黑奴被迫离开纽约州并通过步行被送到了南方。因此，海岸贩奴船每年运送奴隶的数量至少有两万名。

"拉斐特"号、"颂词"号、"事业"号和"克里奥尔"号上共有约四百名奴隶。依据这一事实，我们可以估算，即每艘船一百名奴隶可能是一艘普通贩奴船装载奴隶的数量。亚历山大市的一家商行每个月为两艘船作广告。亚历山大港口每周至少会有一艘船出发。诺福克和亚历山大一样充满活力，巴尔的摩和里士满的奴隶贸易也很兴旺。显然，每年会有两百艘船从弗吉尼亚水域出发驶向南方市场，每艘船上载有一百名奴隶。

1858年7月，纽约《民主评论》上有一篇名为《参观和寻找船只》的文章，文中赞成重新开放海外奴隶贸易。《民主评论》的编辑说到海外和海外贸易时说："我们证明，如果一方犯了错，那么双方都有错；如果一方是正确的，那么双方都是正确的。我们对国会做出的模糊定义和区分提出异议。"

# 第 18 章
# 奴隶贸易领域的司法实践

**精彩
看点**

一艘古巴贩奴船——从哈瓦那到普林西比港的途中发生的事——司法判定奴隶有权杀人

1839年8月26日，托马斯·R.格德尼上校正在指挥美国双桅船"华盛顿"号勘测加德纳岛与蒙托克角之间的水域。与此同时，一艘停泊在卡洛登附近海岸上的纵帆船进入了"华盛顿"号的视野。海滩上有许多人，以及一些马车，一艘船正在纵帆船和海岸之间来回移动。

　　显然，这是一艘正在工作的走私船。托马斯·R.格德尼上校立即派了一艘船前去调查。调查船上有六名武装人员，负责人是海军上校理查德·W.米德和海军学员戴维·D.波特。他们发现这艘纵帆船是"巴尔的摩建造的，速度非常快，可以载重一百二十吨，有六年的航行经历。在甲板上的各种商品和武器中间，有很多埃塞俄比亚船员。他们有的打扮入时，穿着从船上货物中偷来的丝绸衣服，有的一丝不挂，瘦得皮包骨头，蜷缩在甲板上。

　　一份旧报纸描述道："甲板上杂乱无章地散落着葡萄干、粉条、面包、大米、丝绸和棉花等商品。客舱和货舱里也非常混乱。这艘纵帆船似乎载有丝绸、绉纱、印花布、各式小商品、玻璃、五金器具、缰绳、马鞍、手枪皮套、图片、镜子、书籍、水果、橄榄、橄榄油和其他各式各样的物品。"

　　美国海军军官刚走到纵帆船的甲板上，就有两个白人走了过来。其中一个白人乞求获得保护，另一个年纪较大的白人用手抱住了海军上尉理查德·W.米德。理查德·W.米德以为对方要袭击他，立即拿出手枪顶在了年长白人的

"华盛顿"号

蒙托克角

戴维·D. 波特
（1813—1891）

脸上，对方立即往后退了一步。这时，年长白人的年轻同伴用一口流利的英语解释说，他叫约瑟·鲁伊斯，年长一点的白人叫佩德罗·蒙特兹。佩德罗·蒙特兹无意冒犯理查德·W.米德，相反，他的拥抱仅仅是出于感激。约瑟·鲁伊斯继续说，这艘奇怪的小型纵帆船是哈瓦那的"阿米斯特德"号，由雷蒙·费拉尔船长指挥。1839年6月27日，"阿米斯特德"号从哈瓦那出发，驶向古巴普林西比港的瓜纳哈。但1839年6月30日，船上的奴隶引发了暴乱，杀死了船长和厨师，并用小船将作为水手的约瑟·鲁伊斯和佩德罗·蒙特兹送到了海岸上，然后命他们将"阿米斯特德"号开往非洲。由于害怕被杀，约瑟·鲁伊斯和佩德罗·蒙特兹白天驾船向东行驶，但晚上又朝美国行驶。因此，他们一直徘徊在长岛的几英里范围内，最后停下来获取补给，但被海军发现了。

约瑟·鲁伊斯说船上有一个叫安东尼奥的黑奴，他本来是船长的财产。还有三名黑奴属于佩德罗·蒙特兹，剩下的四十九名黑奴都是他的。

听完约瑟·鲁伊斯的解释后，理查德·W.米德派戴维·D.波特和四个同伴前去包围海岸附近的黑人。岸上的黑人走上自己的船，开始向纵帆船行驶过来。但戴维·D.波特用手枪迫使黑人的船停下来，然后将他们装在了纵帆船上。在纵帆船上，黑人的领导者是一个叫辛克的人，他戴着一条镶有三百枚西班牙达布隆金币的腰带，纵身跳下了船，像"鱼一样"游到岸边，但被一名舵手拖回了船上。

与此同时，托马斯·R.格德尼上校命"华盛顿"号与纵帆船一起航行。听了相关报告后，托马斯·R.格德尼上校决定将这艘纵帆船作为抢救来的财物带到新伦敦。于是，新的麻烦开始出现。

当时，A.卡尔德隆先生是西班牙驻华盛顿的外交大臣。他立即根据1795年美国与西班牙签订的条约，要求获得这艘纵帆船及船上的奴隶。条约曾规定："不论什么性质的轮船及商品，如果是从公海上的海盗或劫匪手中拯救出来的，将被带入美国任意州的某一港口，并由该港口的军官监管。如果有足够的证据表明其所有权，那么该船就可以回到真正的主人身边。"

显然，华盛顿的官员非常愿意批准A.卡尔德隆的要求。根据美国法律，奴隶属于私人财产，但负责这艘纵帆船的黑人通过暴力手段夺取了纵帆船。

新伦敦

此外，依据纵帆船的文件和约瑟·鲁伊斯和佩德罗·蒙特兹的护照，纵帆船上的黑人属于奴隶。譬如，约瑟·鲁伊斯的护照是哈瓦那港口的船长颁发的，签署日期是1839年6月26日，上面用西班牙语写着："Concedo licencia, a cuarenta y nueva negros ladinos, nombrados"，而且后面还有一份黑人名单。

这些西班牙文字与上述案件有关，后文会详细解释该案。但从各种文件本身来说，并没有不符合规定的地方。

与此同时，关押在新伦敦监狱的黑人们找到了一些朋友。这些人愿意出钱确保黑人们得到公正的审判，并在现行文明状态下，竭力使公正的审判成为可能。他们看了约瑟·鲁伊斯用来证明其拥有四十九名黑人的护照，并将护照中的西班牙文字翻译了出来。

"我承认对四十九名健全的黑人拥有许可证"一句中，ladinos被翻译成了"健全的"。但实际上，ladinos是古巴当地使用的词汇，用来指代在古巴出生或1820年前进口的奴隶。因此，这种翻译属于欺诈行为，企图欺骗美国人民及其法院。但很快，众人发现无论是约瑟·鲁伊斯声称拥有的四十九名黑人，还是佩德罗·蒙特兹声称拥有的三名黑人，都不是ladinos。1839年7

月 12 日,古巴的奴隶贩子从非洲的葡萄牙船"特科拉"号上进口了这些黑人。1839 年 7 月 27 日,这些黑人又被装在了"阿米斯特德"号上。他们在哈瓦那附近登陆,然后被带到了哈瓦那的一个临时奴隶禁闭处。约瑟·鲁伊斯和佩德罗·蒙特兹正是在那里购买了黑人,并获得了从海岸带走 ladinos 的一般许可证。然而,在公布的诉讼程序中,并没有说明这些黑人违反西班牙法律在哈瓦那登陆时,哈瓦那官员为什么愿意颁发 ladinos 的许可证。

总之,废奴主义者们说,违反西班牙法律并被运送到古巴的黑人不是奴隶,而是自由人。黑人们被拘禁在"阿米斯特德"号上时,拥有反抗监禁他们的人的自然权利。此外,即使被迫杀死了两名白人,也应该获得自由。

于是,争端再次出现。随着时间的流逝,1841 年,这起案件被递交到了美国最高法院。大法官约瑟夫·斯托里传达了美国最高法院对此案的态度。他说,为了解释约瑟·鲁伊斯和佩德罗·蒙特兹的声明,以下三点必须得到证实:第一,在任何情况下,这些黑人都符合条约中对商品的描述;第二,在公海上,黑人曾从海盗和劫匪手中被解救出来,这种情况只能表明约瑟·鲁伊斯和佩德罗·蒙特兹本身是海盗和劫匪;第三,宣称自己是黑人所有者的约瑟·鲁伊斯和佩德罗·蒙特兹是真正的所有者,而且有充足的证据证明他们的身份。

关于第一点,约瑟夫·斯托里法官补充说:"如果约瑟·鲁伊斯和佩德罗·蒙特兹是依照西班牙法律合法获得了这些黑人,那么我们有十足的理由相信,按照条约规定,黑人应该被公认为是商品……然而,承认这一点后,毫无争议的是,如果我们查看一下证据,就会发现这些黑人绝不是约瑟·鲁伊斯或佩德罗·蒙特兹的私人财产,或是其他西班牙人的合法奴隶……因此,如果黑人不是奴隶……就没有借口说他们是海盗或劫匪。然而,有人为美国辩护说,已经通过文件证明纵帆船及船上的货物和黑人属于西班牙国民,美国最高法院没有权利查看这些文件……我们对这一论点持赞同态度……1795 年的条约第九条规定,所有者需要对其财产做出充分的证明。如果某一证明仅仅是相互联系或污迹斑斑的欺诈行为的一部分,那这种证明怎么能被视为恰当或充分的证据呢?总的来说,我们的观点是……应该宣告上述黑人是自由的,并免除法院对他们的羁押。他们可以随时离开。"

约瑟夫·斯托里（1779—1845）

上述引文并不完整，目的是表明在当时的美国法律规定下，这些黑人的确切身份，从而让我们更好地理解政府官员对这起案件的态度。西班牙外交大臣 A. 卡尔德隆称黑人不仅是奴隶，还是谋杀犯，并断言说，如果将黑人在古巴以谋杀罪处决，那么产生的效果会比在康涅狄格州处决他们产生的效果好。美国的政府官员迫切希望证实这一观点。美国康涅狄格州地区检察官威廉·S. 霍拉伯德无法解决这一问题，因此，他写信给国务卿约翰·福赛思，询问是否有条约规定，"在我们的法院开庭前"，可以放弃这些黑人。

虽然并没有相关条约规定，但国务卿约翰·福赛思命令威廉·S. 霍拉伯德"确保巡回法庭或其他任何司法法庭的诉讼程序正常运行，不能让纵帆船或其货物和奴隶超越联邦执行官的控制范围"。美国司法部长费利克斯·格

约翰·福赛思（1780—1841）

伦迪说自己找不到任何"合法的原则",从而证明将船只从西班牙港口运往另一个港口是合情合理的。他补充说,因为黑人被指控违反了西班牙法律,所以他们应该被送到西班牙法庭接受审判,以免使他们"逃脱惩罚"。他认为总统应该立即命人将纵帆船及其货物和黑人送给西班牙外交大臣,无需作任何调查。

美国总统马丁·范布伦并未像费利克斯·格伦迪建议的那样做,但他命令托马斯·R.格德尼上校保护好自己的船,并做好准备与黑人一起去古巴,目的是"就这一问题,在古巴当局开展的诉讼中作证"。康涅狄格州法院开庭审理这起案件前,上述命令已经下达。然而,更糟糕的是,内阁希望地方法院反对黑人获得自由,并准备在其他人上诉前,将黑人匆匆运回古巴。这

费利克斯·格伦迪(1775—1840)

一点可以在国务卿约翰·福赛思写的一封信中得到证实。约翰·福赛思在信中说："按照马丁·范布伦总统的指示，我不得不说，如果法庭的判决与期望的一样，那么除非有人真正上诉，否则马丁·范布伦总统的命令将被执行。然而，你们不能想当然地认为会有人上诉。"

如果美国最高法院的判决符合马丁·范布伦总统的期望，那么纵帆船上的黑人可能已经从法庭转移到了美国船只"华盛顿"号上，并被立即送回了哈瓦那。

根据美国最高法院的判决，从非洲的葡萄牙船"特科拉"号上进口的黑人可以获得自由。根据法律规定，被宣称是雷蒙·费拉尔船长的私人财产的安东尼奥是一名奴隶。如果没有地下铁路的列车员帮助他，他可能已经被送到了西班牙当局。安东尼奥消失了。"阿米斯特德"号作为政府财物被售出。1840年10月31日的《米尔斯的记录》描述道："这艘纵帆船是古巴建造的，很旧，只卖了两百四十五美元。"

菲利普·德雷克在《一个奴隶偷运者的见闻》中说，"阿米斯特德"号是一家股份制奴隶走私公司的纵帆船。这家股份制奴隶走私公司与美国和西班牙的贸易商行联系密切，并将洪都拉斯海岸附近的海湾群岛中的一座岛屿用作驻扎地，奴隶们从非洲航行到这里后登陆，然后逐渐恢复健康，并学习如何在种植园劳作，最后被送到市场上出售。

在努力使这些黑人返回古巴的过程中，由于一些纽约著名商人施加的压力，华盛顿当局一直表现得很积极。

但"阿米斯特德"号案并没有因为美国最高法院的判决结束。西班牙当局代表约瑟·鲁伊斯和佩德罗·蒙特兹向美国国会申请赔偿金。美国政府的行政部门愿意批准这一申请。1844年4月10日，众议院外交委员会的国会议员查尔斯·J.英格索尔递交了一份报告。在报告中，众议院外交委员会"完全同意总统的正式宣告"，即"遵照法律和正义的所有原则"，美国应该支付赔偿金。西班牙当局宣称，"释放奴隶违反了基本的原则"，"这些经常遭受辱骂且被剥夺了财产的外国奴隶蔑视条约，以及其他文明国家的法律和环球法学的基本原则。因此，应该释放那些通过叛乱、谋杀和抢劫剥夺外国奴隶财产的海盗"。

马丁·范布伦(1782—1862)

如果仔细查看第二十八届国会第一次会议众议院第四百二十六号报告，会发现查尔斯·J.英格索尔在递交报告时，似乎故意篡改了日期。此外，他的论据也是建立在错误的日期基础上的。

但西班牙当局并没有得到赔偿。1858年2月2日，关于索赔的纠纷被提交到了美国国会。詹姆斯·布坎南总统建议支付赔偿金，但美国政府一直没有支付赔偿金。美国最高法院听说了这起案件后，首次裁决了该案，认为从非洲运送过来沦为奴隶的黑人在寻求自由的过程中，有权杀死任何一个剥夺他们自由的人。如果不是因为这些事实，我们可能已经遗忘了这笔赔偿金。

# 第 19 章
# 后期奴隶走私商

**精彩看点**

美国内战前的著名贩奴船——"漫游者"号航行到刚果——奴隶走私者的困境——试图重新开展奴隶贸易的运动——奴隶帝国之梦

在查尔斯·A.L.拉马尔的书信集中，可以找到美国内战前十年的奴隶走私贸易的相关证据。查尔斯·A.L.拉马尔是萨凡纳的一个公民，家世地位显赫。一位不知名的作家在一家造纸厂找到了这些信件，并将其发表在了1886年11月的《北美评论》上。

在这些信中，第一封提到奴隶贸易的信写于1857年10月31日，是写给查尔斯·A.L.拉马尔的父亲的。信中的部分内容如下：

> 你需要让自己对非洲和奴隶贸易感到安心。我对你在信中的一些评论感到惊讶。这些评论表明，你的内心充满恐慌。譬如，你说："到月球探险也许和开展奴隶贸易一样，是明智的，但月球探险没有违背上帝的旨意，奴隶贸易却违背了。愿上帝原谅你试图违反他的意愿和旨意的行为。"依照相同的思路，你将整个南方置于何地呢？
>
> 除了争辩和劝说，你没有其他办法阻止奴隶贸易，对此你也无须责备自己。你和政府都没有能力阻止奴隶贸易。就让所有罪孽降临在我身上吧！我愿意承担所有惩罚！

1857年7月27日的一封信也提到了奴隶贸易。我们可以通过这份信了解詹姆斯·布坎南政府与奴隶走私者的相处之道。这封信是写给财政部长豪厄尔·科布的。部分内容如下：

我不想再次麻烦你,但收税员拒绝做任何事……我的船在准备启航并申请了启航许可证后,被你的收税员扣留了八天。约翰·波士顿先生说我的船不是被"俘获"的,而是被"扣留"了,并说相关部门会对我的赔偿申请做出回应,等等。他还向地方检察官以及其他律师寻求建议。地方检察官和律师告诉约翰·波士顿先生,我的船没有任何可疑的地方。

查尔斯·A.L.拉马尔提到的赔偿申请清单中包括:"扣留八天,一天一百五十美元,共一千二百美元;码头费及其他费用一百二十美元。共计一千三百二十美元。"这份账单很可能已经支付了。随后是一份声明,内容如下:

豪厄尔·科布(1815—1868)

在其他交流中，我没有否认从事奴隶贸易的意图，也没有向你保证不会参与奴隶贸易。我只是声明，除了货单上的货物，船上不会有其他东西，我也强调不会有可疑的物品。我现在想说的是，因为我的船现在距这里有一千英里，并不适合去非洲进口黑人……我的船今后会用来做什么是另外一件事……约翰·波士顿扣留了我的船，因为他说我的船将会从事奴隶贸易，他从一些人口中听说了这件事。这些人承认自己是窃听者，在窗户外听到了我与别人的所有谈话……除非你尽快回复我的信，否则我会亲自前来烦扰你。

这份声明的对象是一位发誓会执行法律的政府官员。

1857年11月7日的一封信是写给新奥尔良的N.C.特罗布里奇的。从这封信中，我们发现查尔斯·A.L.拉马尔的奴隶贸易遭遇了失败。具体内容如下：

我非常高兴地发现，贩奴船船长格兰特至少没有隐瞒真相。格兰特船长的表现很坏，无耻地牺牲了我们的利益。他的启航许可证可以将他带到他想去的地方，不会受到任何阻挠……格兰特船长知道我的船的唯一用途是开展奴隶贸易，而且他也应该知道我们希望将船送回……他为什么不去海岸呢？在遵循命令前，格兰特船长知道海岸上有武装战舰，并且数量不少。同时，他可能早已知道，自己并没有冒任何风险，因为被捕的船长和船员最后都会被释放。前几天，"艾伯特·德弗鲁"号的船长还在这里。英国巡洋舰甚至允许他拿走自己的金子。如果格兰特船长面临相同的处境，我们就不必担心金钱问题了。

1857年12月23日，查尔斯·A.L.拉马尔在写给新奥尔良的西奥多·约翰逊的信中说道："至于格兰特船长，放了他，一分钱也别给他，希望他快点儿下地狱吧！"

信中还谈到了查尔斯·A.L.拉马尔面临的财政困境。后来，我们知道了他的船的名字，因为他写道："应该立即为'罗林斯'号做些什么了。"

在 1857 年 12 月 26 日的一封信中，查尔斯·A.L. 拉马尔邀请纽约第一百五十八号珍珠大街的 L. 维亚纳加入奴隶走私贸易。因此，我们知道"威廉·罗斯·波斯特尔各方面都很可靠，是一个经验丰富的水手和航海家"。"罗林斯"号开始由他指挥。奴隶走私商似乎迎来了奴隶贸易的繁荣时期，因为相关信件表明，除了"罗林斯"号，"理查德·科布登"号和臭名昭著的游艇"漫游者"号都在从事奴隶贸易。查尔斯·A.L. 拉马尔甚至想买一艘汽船。1858 年 5 月 24 日，他写信给"奥古斯塔的托马斯·巴雷特先生"，谈到了汽船的事情。具体如下：

> 我在想，我是否可以筹集必要的资金，为前往非洲海岸做准备，然后在那里装载签署了终生契约的非洲学徒，我希望与你合作。我收到的捐助可能会有五千美元，筹集到的资金可能会有三十万美元。我会从股份中拿走两万美元，然后亲自前往非洲海岸。我提议购买"比戈"号，因为它是一艘负荷一千七百五十吨的铁制螺旋桨汽船。利物浦正在以三万英镑的价格出售"比戈"号。"比戈"号的造价是七万五千英镑。G.B. 拉马尔会向你详细描述"比戈"号……

"漫游者"号游艇

## 第19章 后期奴隶走私商

除了锅炉,"比戈"号的其他部件都非常新,而且锅炉还可以用几个月。如果我能买下"比戈"号,我将在甲板上放置几门派克汉炮,雇南方最强壮的男子保护它。"比戈"号上的斗士都是股东和绅士,即使你不认识他们中的一些人,也一定熟知他们的名号。我估算了一下具体费用:汽船十五万美元,维修、枪支、轻武器、煤及其他五万美元……共二十万美元;供给两万五千美元,购买货物七万五千美元……共十万美元。总计三十万美元。

正如你了解到的那样,我的一艘船正在海上,但我非常担心它不能安全到达,因为它必须先在海岸边等待,直到装满货物。如果这艘船离开海岸,我将没有办法追上它,而且它会在十到三十天内到达。我现在还有另一艘船,正准备起航。我必须在1858年9月1日前预订好一千或一千二百名奴隶,但如果有必要,可以将这些奴隶关押到1858年10月1日。为了避免延误,我打算派汽船运送些奴隶。我可以在九十天内乘汽船往返,包括可能遇到的扣留或恶劣天气,这一点确定无疑。黑奴一登陆,我就可以以每人六百五十美元的价格出售他们。我会用合同确保黑人的价格,而且买主必须用

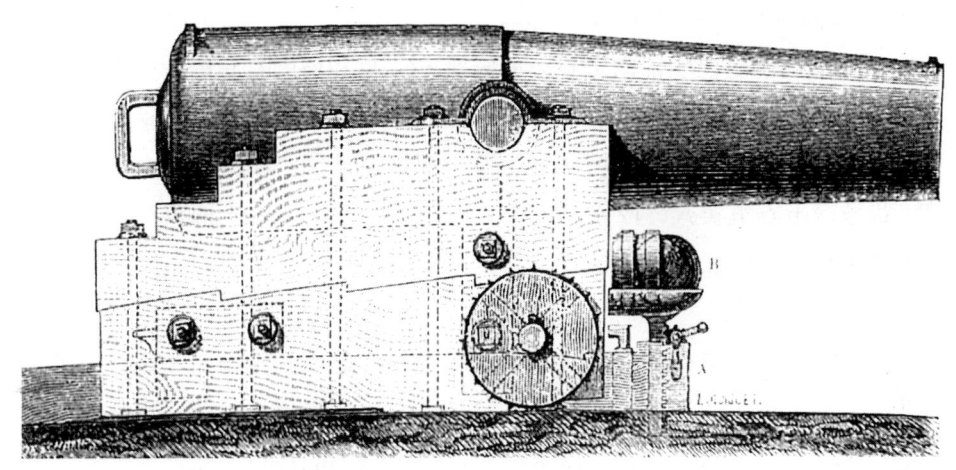

派克汉炮

现金支付。"比戈"号可以轻松装载两千名奴隶。除了海难，我并不担心会遇到其他困难或风险。面对可能发生的海难，可以通过投保免受损失。我可以让一个海军中尉出兵保护汽船，如果受到攻击，我们可以将其归咎于英国或美国的驻扎地。然而，我并不想参与斗争，因为"比戈"号可以疾行十一海里，让我们远离任何巡洋舰。"

在寄给田纳西州纳什维尔的威廉·朗德特里的汽船利润估算报告中，查尔斯·A.L.拉马尔估计汽船的成本为三十万美元，收入为"一千二百名奴隶，每人六百五十美元，共七十八万美元。最终的净利润和手中的汽船共值四十八万美元。"

在某种程度上，查尔斯·A.L.拉马尔的计划落空了，因为他没有筹集到足够的钱。然而，这项计划反映了美国当时的奴隶领地的发展形势。

查尔斯·A.L.拉马尔提议将非洲人作为终生学徒引进来，规避法律条文。1858年，他在寄给财政部长豪厄尔·科布的信中写道："奴隶们将在新奥尔良的防洪堤上登陆。我会通过咨询确认这件事是否合法。"由于豪厄尔·科布拒绝批准这一计划，查尔斯·A.L.拉马尔在另一封信中严厉地询问道："北方民众的观点获得了法律效力吗？"

查尔斯·A.L.拉马尔提到的"漫游者"号是奴隶贸易中最著名的走私船，因此，"漫游者"号的故事值得一提。

根据纽约游艇俱乐部的记载，詹姆斯·G.贝利斯受富有的游艇俱乐部成员J.D.约翰逊的委托，在长岛的杰斐逊港建造了"漫游者"号。1857年6月，"漫游者"号下海航行。这艘游艇总长一百零四英尺，横梁宽二十六点五英尺，货舱深十点五英尺，吃水深度十点五英尺；主桅长八十四英尺，中桅长三十五英尺，主臂长六十五英尺，斜桁和主斜桁长三十五英尺；船外的船首斜桁长二十三英尺。

托马斯·霍金斯是"漫游者"号的代理商。他的一个朋友告诉我："听托马斯·霍金斯讲述这件事，你会觉得'漫游者'号是在飞翔而不是航行。这是一艘非常快的纵帆船。"1900年，游艇俱乐部的接待室张贴着一张"漫游者"号的照片。

J.D. 约翰逊将"漫游者"号纵帆船卖给了 W.C. 科里。1858 年 5 月 29 日，W.C. 科里当选纽约游艇俱乐部的成员，立即乘纵帆船前往南方。根据游艇俱乐部的规定，W.C. 科里成为"漫游者"号的船长，领航员是已故的联邦海军上将拉斐尔·塞姆斯的兄弟。W.C. 科里乘"漫游者"号到了查尔斯顿，卸货后向特立尼达岛行驶，就像在进行观光旅行一样。但实际上，货舱里藏着贩奴船的装备。埃格伯特·法纳姆上校是一名押运员，拥有丰富的冒险经历。他曾是一名著名的骑马高手，而且据说是沃克的尼加拉瓜海盗之一。

"漫游者"号从特立尼达岛出发，到达了圣海伦娜岛，随后抵达了刚果河。其间，游艇上一直插着美国国旗和纽约游艇俱乐部的旗帜。根据相关报道，英国战舰"美杜沙"号在刚果海岸搜寻贩奴船时，W.C. 科里让"漫游者"号与"美杜沙"号并肩行驶了数日。在此期间，W.C. 科里用最好的食物款待英国军官，同时也受到了英国战舰皇室般的接待。双方一起参观了岸上的名胜古迹。"漫游者"号与一艘英国游艇在海岸边比赛，毫无悬念地取得了胜利。

刚果河

埃格伯特·法纳姆上校返航后告诉记者，一次，当英国军官喝了酒后，受邀前来参观"漫游者"号，检查"漫游者"号是不是一艘贩奴船。结果，船上的所有人都愉快地笑了。对英国军官来说，将豪华的"漫游者"号用作贩奴船似乎是一件非常可笑的事。随后，英国巡洋舰离开了"漫游者"号。"漫游者"号缓缓向刚果驶去，很快到达了临时奴隶禁闭处。

　　"漫游者"号的主人除了W.C.科里，还有萨凡纳的查尔斯·A.L.拉马尔、新奥尔良的N.C.特罗布里奇、佐治亚州哥伦布市的A.C.麦吉上校、弗吉尼亚州里士满的理查德·迪克森和南卡罗莱纳州查尔斯顿的本杰明·戴维斯。A.C.麦吉上校曾在纽约《太阳报》的记者的采访中说，他购买的奴隶主要是十三岁至十八岁的年轻黑人，船上共有七百五十名奴隶。

　　可以肯定的是，"漫游者"号满载奴隶离开了奴隶海岸，但到达佐治亚海岸的具体日期无从知晓，大概在1858年12月2日前后。1858年12月11日，萨凡纳的《共和主义者》第一次提到了这件事，文中宣称"漫游者"号的奴隶在"不伦瑞克附近的圣安德鲁斯·桑德居住区"登陆。随后，部分奴隶被一艘汽船送到了萨尔蒂拉河。"

　　后来，萨凡纳《共和主义者》报道说，之前曾听说"一些奴隶在耶基尔岛登陆。据说，为了获得登陆特权，奴隶走私商向当地政府支付了一万五千美元。一艘来自萨凡纳的汽船运走了'漫游者'号上的一百五十名奴隶，沿萨凡纳河而上，到达了种植园，随后将船上的奴隶卖到了全国各地。"

　　A.C.麦吉上校讲述了这起事件的经过。具体如下：

　　　　航行中最困难的部分是进入港口。进入萨凡纳河口的唯一通道位于边界贸易站的黑色枪口下。白天，试图将载着奴隶的船开进萨凡纳河的行为无异于自投罗网。拉斐尔·塞姆斯上校夜里偷偷溜进了大奥吉河，并沿河而上到达了大沼泽地。随后，他隐藏了起来，打算联系萨凡纳的查尔斯·A.L.拉马尔。

　　　　查尔斯·A.L.拉马尔随即宣布，为了向边界贸易站的军官和守备部队表示敬意，他将举行一次舞会，并强烈要求士兵及其长官共享快乐时光。当舞会的欢乐气氛达到高潮时，"漫游者"号偷偷溜

## 第 19 章　后期奴隶走私商

进了萨凡纳河，在黑暗中顺利通过了边界贸易站的枪口，到达了查尔斯·A.L. 拉马尔的种植园。"漫游者"号上的奴隶很快登陆，由在稻田工作的黑人负责看管。在稻田工作的黑人和新来的奴隶一样野蛮。

然而，1858 年 12 月 18 日，查尔斯·A.L. 拉马尔在写给新奥尔良的 N.C. 特罗布里奇的信中表明，奴隶走私商的阴谋虽然得逞了，但依然陷入了巨大的困境，因为美国地方检察官立即对此事采取了行动。查尔斯·A.L. 拉马尔写道："今天早晨，我从奥古斯塔返回，分配了刚刚登陆的黑奴。但我告诉你，局势非常复杂，一切都不确定。政府派 H.R. 杰克逊协助起诉，并决心解决问题。'漫游者'号船员已经被捕。检查从今天开始，并且可能会持续三十天。'漫游者'号在不伦瑞克的引航员和船员将会出庭作证，因为如果船上没有黑奴，那么'漫游者'必定是走失了方向。黑兹尔赫斯特医生作证说，他曾在船上照顾黑人，并发誓说这些黑人是最近进口的非洲人……我并不打算用旧美元换取新美元。这些人一定被贿赂了。我花费的时间、遇到的困难和取得的进展都必须有所回报……生病的黑人都留在蒙特，而且有六人已经去世。我想，所有生病的人都会死去。这些病人非常虚弱，已经无力回天。我每天会为每名黑人支付五十美分。这是我能做到的最大努力了……我告诉你，下地狱是要付出代价的。我认为他们不会释放这些人，而是让他们接受审判。"

查尔斯·A.L. 拉马尔面临的困境并不仅是与政府官员的冲突造成的。他在写给新奥尔良的西奥多·约翰逊的信中说，将黑奴交给种植园主可以保证他们的安全，但一些种植园主太过懦弱，不值得信赖。他写道："菲尼兹州长写给我的信让我感到惊讶……种植园主以每名黑奴每天五十美分的价格带走并监护奴隶，但仅仅因为法律不承认黑奴属于财产，当政府要求种植园主放弃黑奴时，他们又拒不执行。这种做法比偷盗奴隶更糟糕。"

查尔斯·A.L. 拉马尔写给"佐治亚州布莱克利市的 C.C. 库克"的信非常有趣。但我并不确定信中提到了"漫游者"号，因为查尔斯·A.L. 拉马尔还有两艘船在海上航行。部分内容如下：

你知道这是一笔有风险的买卖。我已经失去了两艘船。实际上，一开始，我对这桩生意一无所知。后来我学到了一些东西，希望将关于自己的信息记录下来。我一直想成就"伟大"，为了某一原则斗争。现在，我的目标是美元。

与此同时，政府逮捕了一些人。1859 年 1 月 22 日，W.C. 科里被监禁。据我所知，查尔斯·A.L. 拉马尔被捕的日期并没有被记录下来。

从写给已经被通缉的"N.D. 布朗上校"的信中可以看出，查尔斯·A.L. 拉马尔虽然身处困境，但依旧支持自己的船员。他写道："审判前，你的律师们将会拜访你。如果陪审团认为具体存在的法案对你不利，那么他们的证据将来自克拉布和哈里斯。当然，克拉布和哈里斯会对相同的事情作证。因此，我觉得你应该离开，如果你同意我的观点，我会安排你离开。我已经给了克拉布和哈里斯五千美元，让他们拒绝作证。但政府也正在竭力收买他们……我担心自己也会受到审判，但我可能会被判七年监禁并支付罚款。如果我发现陪审团会这样判，我会去古巴，直到与政府达成某种妥协。"

与此同时，查尔斯·A.L. 拉马尔完成了对黑奴的分配。"奥古斯塔"号上的弗雷泽船长作证说，他从耶基尔岛运送一百七十二名黑奴前往距奥古斯塔两英里处的种植园。当一百七十二名黑奴沿河而上，经过萨凡纳前往奥古斯塔时，A.C. 麦吉上校提到的舞会可能正在举行。

其间，这则消息在全国各地引起了很大反响。国会开始着手处理这件事。在参议员亨利·威尔逊的请求下，参议院呼吁总统詹姆斯·布坎南提供政府了解到的所有事实。含有总统回复的文件是一份传单。詹姆斯·布坎南总统说："我同意司法部长 J.S. 布莱克的观点，即如果此时与萨凡纳的政府官员通信，或与他们交流已经收到的指示，那么可能会损害公众的利益。"此外，詹姆斯·布坎南总统称会"尽最大努力"查找"所有犯了罪的当事人，并将他们绳之以法"。

像往常一样，奴隶走私商们逃走了。法庭宣判"漫游者"号有罪，然后拍卖了这艘船。"漫游者"号原来的主人买下了它，价格是其作为商用纵帆船的四分之一。

# 第 19 章　后期奴隶走私商

亨利·威尔逊（1812—1875）

A.C. 麦吉上校说："市场上正在出售一些用珠子和印花手帕买来的奴隶，每名奴隶可以卖六百至七百美元。船主们支付给拉斐尔·塞姆斯上校三千五百美元的报酬，但他们每人的净利润超过一万美元。"

对查尔斯·A.L. 拉马尔来说，他的信件内容与 A.C. 麦吉上校说的并不一致。A.C. 麦吉上校说："我落入了流氓和流浪者的手中，并受到了欺骗。我投资的'漫游者'号是亏本的。我不仅要承担所有责任，支付所有债务，还要做很多工作。"

实际上，查尔斯·A.L. 拉马尔赚到的钱要比投入的多。但考虑到他耗费的时间，这笔利润其实是微不足道的。

1859 年 7 月 21 日，查尔斯·A.L. 拉马尔写信给新奥尔良的朋友 N.C. 特罗布里奇，说道："'漫游者'号要去中国了，返回时会带来一些苦力。在古巴，苦力的人均价格是三百四十美元至三百五十美元，但每人的花销仅为十二美元。""漫游者"号很可能并没有踏上中国之行。A.C.麦吉上校说："无论如何，1859 年春天，'漫游者'号再次向非洲西海岸驶去。拉斐尔·塞姆斯上校再次发现，达荷美王国的国王打算以最优惠的条件开展贸易。第二次航行时，拉斐尔·塞姆斯上校必须沿萨凡纳河逆流而上，以确保奴隶的安全。最后，他成功将六百名奴隶运送到了河口。这些奴隶比第一批奴隶更聪明，肤色更浅，在一些方面，他们比在奴隶海岸附近捕获的黑人更好。但很多奴隶死在了航行途中。有好几次，'漫游者'号以最快速度躲开了不想见到的熟人，但它从未被彻底检修过。1859 年 12 月，'漫游者'号到达了佐治亚海岸，但遇到了狂风。当试图进入耶基尔岛和坎伯兰岛之间的耶基尔河时，'漫游者'号在暴风雨中搁浅了。许多奴隶逃出货舱，跳进海里淹死了……这些奴隶中，只有少部分人被分配到了佐治亚州的种植园主手中，其他人被送到了新奥尔良出售。第二次航行获得的利润与第一次一样。如果不是因为战争爆发和军方封锁了萨凡纳港口，'漫游者'号可能会在 1860 年开展第三次航行。事实上，由于军方封锁了萨凡纳港口，'漫游者'号无法前行，最后被卖给了联盟政府。"

关于第二次航行，查尔斯·A.L. 拉马尔在一封有趣的信中表明了自己当时的心情。他写道："登过船的人想再次出发航行，但他上次被迫提出了索赔。当然，关于这笔索赔的问题并没有得到彻底解决。他可能会利用我们，然后抛下我们，以此消除他对老公司的怨恨。他宣称自己从每一个靠他活下来的人身上赚到了三十美元。登陆后，即使没有安身之处，他也要保持独立。这些不是合同里的内容。"

想象一下这封信描述的场景：奄奄一息的黑奴躺在耶基尔岛的河堤上，查尔斯·A.L. 拉马尔和船长因为钱争吵不休。

1859 年，在纽约游艇俱乐部的会议记录中，可以找到日期为 1859 年 2 月 3 日的一则序文和一些决议，内容是将 W.C. 科里从俱乐部开除，并将"漫游者"号从俱乐部游艇中队的名单上抹去。纽约游艇俱乐部这样做不仅是因为 W.C. 科里违反了法律，"还因为他参与了违背人性和俱乐部成员道德原则的非法交易"。

达荷美王国的国王

当时，纽约有很多奴隶贩子，但纽约游艇俱乐部认为他们不适合成为俱乐部成员。

据根查尔斯·A.L.拉马尔的书信集中的记载，"漫游者"号结束了第二次航行后，被一个叫D.S.马丁的人偷走了。查尔斯·A.L.拉马尔说："毫无疑问，D.S.马丁想去非洲海岸寻找黑奴。如果他在非洲海岸能像在这里一样聪明，那么他一定会获得奴隶。"

"漫游者"号最终被联邦军队捕获，并在彭萨科拉充当了一段时间的缉私船。随后，"漫游者"号在拍卖会上售出。与洪都拉斯北海岸岛屿有生意往来的一家公司通过"漫游者"号开展可可豆贸易。后来，"漫游者"号在亨利角海岸找到了最后的栖息地。内战期间，查尔斯·A.L.拉马尔在战斗中丧生。

也许一些人能详细讲述贩奴船"克洛蒂尔德"号的故事。"克洛蒂尔德"号是一艘载重三百二十七吨的纵帆船。1858年，蒂莫西·马尔在莫比尔河上建造了这艘船。蒂莫西·马尔在非洲购买了一百七十五名强壮的奴隶，然后将所有奴隶运送到了莫比尔河附近。这是一次充满人道主义精神的航行。然而，"克洛蒂尔德"号并没有赚到钱。黑奴的进价是八千六百四十美元的金子、九十箱朗姆酒和八箱布匹，成本非常高。此外，蒂莫西·马尔只能卖出二十五名奴隶，因为有人发现并举报他进口奴隶，政府官员也想通过捕获贩奴船获得奖金。最后，蒂莫西·马尔损失了约十万美元。

关于走私奴隶的规模，史蒂芬·A.道格拉斯在公开场合说，他相信在1859年，至少有一万五千名奴隶被走私到了美国。1860年，一个记者写信给《论坛报》。信中说："从1860年6月1日开始，九十天内，十二艘船抵达了美国海岸，并释放了船上的奴隶。"史蒂芬·A.道格拉斯对贩奴船问题的立场使他损失惨重，在总统选举中失败而归。

当时，政府表面上积极审判奴隶贩子，但实际上是在帮助奴隶贩子，因为法律中没有能够控告并宣判他们的相关条款。内务部长卡莱布·B.史密斯在报告中说，从1852年5月1日到1862年5月1日，共有六十名奴隶贩子获得了保释。相关案件中，有八起案件一直悬而未决，九起案件由陪审团审判并被宣判无罪，两起案件没有找到相关法案，一起案件"找不到被告，也

# 第 19 章 后期奴隶走私商

史蒂芬·A.道格拉斯（1813—1861）

没有交保释金"，另一起案件中的"被告交了保释金，但随后逃走了"。此外，其他案件要么被驳回，要么被撤诉。

查尔斯·A.L.拉马尔在一封信中提到了传教工作。这是一个需要进一步探究的话题。通过仔细查阅当时的报纸和期刊，我们发现许多奴隶主强烈渴望扩张奴隶领地。从沃克到尼加拉瓜的掠夺性远航就是出于这种目的。爱德华·艾尔弗雷德·波拉德在《黑钻石》中将沃克描述成某一群体中的一员。这个群体将毗邻加勒比海和墨西哥湾的所有领土，视为蓄奴者想要获得的广阔田野。这样一来，他们就可以将这些领土变成一个奴隶帝国，为全世界供应棉花、咖啡、糖料和其他产品。奴隶们通过劳作种植农作物，为占统治地位的种族赚取利益。爱德华·艾尔弗雷德·波拉德认为这是一个宏伟的梦想。

随后，正如前文提到的那样，詹姆斯·布坎南总统支持购买古巴的计划。当时，西班牙可能已经通过古巴赚取了一亿美元。

除了这些躁动不安的人，另一些人试图重新开展非洲和美国之间的奴隶贸易。1858年11月的《德鲍评论》写道："不可否认的是，美国南部各州，尤其是种植棉花、糖料作物和稻谷的州，要求获得比现在更多的黑人劳动力。现在的黑奴主要通过自然增长获得，或由可以保证有限供应的家庭提供。"

文章继续说，奴隶的价格正在迅速增长。拍卖销售报告的引文表明，"奴隶的价格已经上涨，甚至超出了一些种植园主的支付能力。"强壮奴隶的价格高达一千八百三十五美元。一个成年奴隶的最低售价是"一千一百四十美元"。当然，解决这一问题的办法只有一个，即恢复非洲奴隶贸易。

上述内容只是众多期刊中的一个典型例子。很多印刷小册子广受人们欢迎。其中一份小册子对所有与奴隶主开展贸易的商人和制造商做出了呼吁，而且效果显著。这份小册子的标题是"南方的财富和北方的利润"。图书馆里可以找到有关此次呼吁的文献。

与此同时，各地政府召开了会议。雄辩的政治家们在会议上提出了自己的观点。各家报纸随即发表了这些观点。"这是一次教育运动。"

譬如，1858年5月10日，阿拉巴马州蒙哥马利市召开了会议。杜·博伊斯教授提到，来自南卡罗莱纳州的奴隶贸易委员会成员斯普拉特介绍了如下决议：

> 一致同意，奴隶制是合法的。如果认为奴隶制是合法的，那么形成奴隶制的自然手段也是合法的。
>
> 一致同意，重新开展对外奴隶贸易是有效而且恰当的。这次大会将采取合法措施恢复奴隶贸易。

一些保守的人温和地提出了反对意见。但威廉·朗兹·燕西宣告说："如果从弗吉尼亚州购买奴隶，再将奴隶运送到新奥尔良的做法是对的，那么为什么在古巴、巴西或非洲购买奴隶，然后将奴隶运送到新奥尔良的做法就是违法的呢？"

当然，没有人能回答威廉·朗兹·燕西的问题。威廉·朗兹·燕西可能也说过，如果蓄奴是对的，那么从出售奴隶的地方买下奴隶，然后将奴隶运

## 第19章 后期奴隶走私商

送到需要奴隶的地方的做法也是对的。但他没有意识到,自己其实是在拨开迷雾,让人们看到奴隶制邪恶的本来面目。

1859年,在维克斯堡召开的商人大会上,与会人员以四十票比十九票的投票结果通过了决议。决议规定:"无论是州法律还是联邦法律,所有禁止非洲奴隶贸易的法律都应该被废除。""大会将筹集资金,作为附加费支持重新开始的非洲奴隶贸易。"

美国国会议员也倡导恢复奴隶贸易。虽然省略了支持蓄奴的国会议员说的一些话,但我们已经完全可以了解代表各自阶层的两类人的观点。根据权威报告,亚力山大·斯蒂芬斯在对其选民发表的告别演讲中说道:"如果没有非洲,就不可能出现蓄奴州……我的目标是让你们清楚认识这一重要事实,即如果不从国外进口非洲奴隶,你们就不能指望或寻求建立更多蓄奴州。"

亚力山大·斯蒂芬斯(1812—1883)

杰斐逊·戴维斯反对恢复奴隶贸易，同时否认自己"与那些宣称奴隶贸易是非人道和罪恶的人的观点一致"。他说："密西西比州的利益决定了我的结论，而不是非洲的利益。"他认为，如果立即恢复奴隶贸易，大批奴隶将涌入密西西比州，其后果决不会是应对利润和安全问题那样简单。但"这一结论是建立在我对密西西比州当前局势的了解基础上的，而不是建立在某种一般理论基础上的。因此，不能认为这一结论适用于德克萨斯州、新墨西哥或格兰德河南部"。

然而，支持奴隶制的人拥有的权利已经达到顶峰。虽然奴隶主们召开会议倡导恢复奴隶贸易，但废奴主义者们依然宣称每个人都享有生命、自由和追求幸福的权利。一些废奴主义者甚至宣扬一种奇怪的信条，即优越的种族不应该凭借其优越之处，压迫弱小种族，而应该效仿全能的上帝并遵从其命令，分担弱小种族的重荷。唯有如此，我们在奴隶贸易中犯下的罪行才能得到宽恕，正如《圣经》中的忏悔者在约旦河里受洗赎罪一样。

# 第 20 章
# 自由的曙光

○ 精彩看点

詹姆斯·布坎南政府和奴隶贸易——禁止奴隶贸易的虚伪政策——第一个被处死的贩奴船船长

正如我们发现的那样，奴隶贸易与世界史上的其他著名非法贸易不同。参与其他非法贸易的人的状况逐渐得到了改善。非洲和美洲之间的奴隶贸易源于一位善良的主教及其开展的工作。这位主教认为，将强壮的非洲人变成奴隶比将柔弱的印第安土著变成奴隶更人道。因此，当时的奴隶贸易只是一种普通的商业活动。后来，奴隶贸易不仅变得有利可图，而且利润越来越丰厚，从而导致了与其存在直接或间接联系的人的痛苦和愧疚。此外，从未参与过奴隶贸易和坚决反对奴隶贸易的人也对此悲痛不已。

詹姆斯·布坎南政府试图购买古巴，理由是买下古巴可以遏制奴隶贸易。然而，美国人对奴隶贸易的愧疚感正在逐渐消失。幸运的是，永远保持虚伪和不公正并不是美国人与生俱来的特性。

年龄稍长的人想起詹姆斯·布坎南政府执政时期的争端时，心中总会涌起奇怪的感情。当时，言语攻击持续不断，但隐藏在争端后面的是犹如龙卷风般呼啸的一个问题，即正义会在美国获胜吗？

作为受压迫的黑奴的朋友，格兰维尔·夏普曾经问过这个问题。多年来，他一直孤军奋战。现在，世界上最强大、最英勇的人们站了起来，试图回答这个问题。他们不仅通过文字抗争，还甘愿献出生命之血。

我们应该理性地看待争端。如果一个民族"将命运掌握在自己手中，并愿意为了荣誉、爱和贸易献出生命,那么这个民族就有希望"。奴隶主们将命运掌握在自己手中,他们的真诚无需证明。内森·黑尔①的雕像坐落在纽约的市政厅公园。虽然面带悲伤,但他依然张开双臂,希望将查尔斯顿港"戴维"号鱼雷艇上的美国精神传向远方。我们不仅要让正义取得胜利,还要明白什么是正义。禁止奴隶贸易,并为奴隶们伸张正义已经刻不容缓。

然而,当希望永久保留奴隶制的人宣称自己不乏真诚时,一个事实始终存在。现在,我们理解了这一事实,即七十五年来,《独立宣言》一直是一张微笑着的面具。如果后来没有废除奴隶贸易,《独立宣言》可能已经名不副实。虽然起草《独立宣言》的人并不完全明白自己做了什么,但曾经激励他们的精神使他们做好准备,将伪善的面具变成自由女神羞愧的红色脸庞。美国应该选出一位真正理解《独立宣言》的总统。幸运的是,这位总统成功当选,新的时代已经来临。政府应该执行所有反对奴隶贸易的法律。《独立宣言》的精神不仅要体现在法令中,还要成为人民的信仰。

詹姆斯·布坎南政府执政时期,1861年5月18日,贩卖奴隶的三桅帆船"科拉"号在非洲海岸被捕,随后被送到纽约。经过某种形式的审判后,"科拉"号重新起航。1861年12月10日,"科拉"号再次被捕。

林肯总统执政后,美国政府的虚伪行为不复存在。林肯总统具备所有英雄最重要的品质,即真诚和力量。他拥有一颗仁爱之心,不仇视任何人,但摆在他面前的是美国人从未遇到过的困难。林肯总统将行使自己的使命。迄今为止,如果美国学者只将林肯的生平视为著作的核心内容,那么所有有价值的著作中,没有一本书是值得研究的。但托马斯·卡莱尔将其著作中的核心内容简单明了地呈现给我们。

1862年3月22日,威廉·H.西沃德给理查德·里昂子爵写了一封关于奴隶贸易的信。信中提到,前文描述过的"漫游者"号是最后一艘奴隶走私船。事实上,"漫游者"号登陆后,极有可能从古巴带回了一部分奴隶,但它是最后一艘经常出没在美国海岸的贩奴船。

---

① 内森·黑尔(Nathan Hale,1755—1776),美国独立战争期间参加了"大陆军",从事情报工作,后被英军俘获并以间谍罪绞死。——译者注

内森·黑尔被英军俘获并以间谍罪绞死

起草《独立宣言》,从左到右分别为富兰克林、亚当斯和杰斐逊

威廉·H. 西沃德
（1801—1872）

理查德·里昂
（1817—1887）

然而，1861 年，联邦政府派军封锁了同盟港口，终结了奴隶走私贸易。尽管如此，美国内战结束后的很长一段时间里，从美洲走私奴隶到西班牙殖民地的贸易仍在继续，人们称其为走私贸易。1820 年后的痛苦岁月中，很多黑奴被扔进了大海，中段航程中的每一片海浪下面都有一具被折磨致死的黑奴尸骸。西班牙的法律禁止非法交易。基于这样一个事实，即"一直以来，居住在其他国家的人从未停止这项臭名昭著的非法交易，其中包括美国人"，威廉·H. 西沃德准备与伟大的维多利亚女王的政府协商召开一次大会。历届政府的虚伪、关于搜查权的争议，以及美国国旗的神圣光环都将成为过去。1862 年 4 月 7 日，英美在华盛顿缔结的条约真的成了过去式。为了履行条约规定，美国国会曾拨了两次款，每次九十万美元。在非洲分遣舰队服役的十五个月里，美国巡洋舰停留在奴隶海岸的时间不超过十五天。政府的虚伪政策导致了这样的结果，但旧的时代已经结束。美国海军军官曾试图执行各项法律，但遭到了海军部门的阻挠。不过现在，这样的时代也结束了。后来，海面上依然存在一些贩奴船。奴隶市场并没有消失，奴隶贩子想要赚取更多利润，因此，最严厉的禁奴措施也只能起到限制奴隶贸易的作用。1863 年 2 月 17 日，英国与美国签订的条约规定，双方享有互相搜查权，而且拓展了搜查的领土范围。1870 年，英国与美国进一步强化了禁止奴隶贸易的协定，因为公海上还存在一些贩奴船。1886 年，古巴的西班牙人和一些美国公民解放了自己的奴隶。但缔结条约时，奴隶贸易开始垂死挣扎，第一次真实感受到了勒住喉咙的压力。

关于贩奴船的详细故事有很多。贩奴船归纽约所有，但在古巴开展奴隶贸易。譬如，在 1890 年 7 月的《斯克里布纳杂志》上，乔治·豪博士讲述了他在"最后一艘贩奴船"上的经历。阿普尔顿·奥克史密斯的母亲是一位受人尊敬的女诗人，但他试图乘捕鲸船"奥古斯塔"号进行一次贩奴航行，因此败坏了自己的名声。政府文件中记录了这个故事。有趣的是，斯图尔特·L. 伍德福德指控阿普尔顿·奥克史密斯参与了非法贸易。当时，斯图尔特·L. 伍德福德是美国纽约市地方检察官的助理，刚刚开始公职生涯。后来，他成了美国驻西班牙外交大臣。可以说，当我们想起这位著名的外交家是通过控告一艘贩奴船开始其职业生涯时，奴隶贸易便呈现在了我们面前。但我们必须略过这些故事，着重讲述另一个奴隶贩子的故事，因为他的命运标志着罪恶的奴隶贸易的结束。

1860年夏天，纳撒尼尔·戈登船长驾驶"伊利"号到达了哈瓦那，并在哈瓦那装配了一套新装备。这套装备是他在纽约购买的，打算用于奴隶贸易。纳撒尼尔·戈登是缅因州波兰特市的公民，据说他已经完成了三次奴隶贸易航行。离开哈瓦那后，他直接去了刚果河，沿刚果河上游航行了四十五英里，到达了内陆地区。随后，他卸载了一船酒，准备前往溪流入口附近装载回程的奴隶。1860年8月7日下午，纳撒尼尔·戈登在溪流入口附近装载了奴隶，船员"猛推奴隶，奴隶们密密麻麻地躺在两层甲板中间，'伊利'号立即向古巴进发"。船上共有八百九十名奴隶，其中只有一百七十二名男性成年奴隶，一百零六名女性成年奴隶，剩下的都是儿童。纳撒尼尔·戈登是贩卖非洲儿童的奴隶贩子之一，因为运输儿童更安全一些。当儿童受到折磨时，只会害怕和尖叫，从来不会反击。

1860年8月8日早晨，美国战舰"莫希干"号距奴隶海岸只有五十英里。当"伊利"号满载奴隶驶向哈瓦那时，"莫希干"号看见并捕获了它。"伊利"号上的奴隶被带到了利比里亚，但"伊利"号和纳撒尼尔·戈登被送往

"莫希干"号

纽约接受审判。"伊利"号很快被拍卖了。曾经满载奴隶的"伊利"号如果在 1860 年受审，一定会被判有罪，因为逮捕并判处它的人渴望获得一笔丰厚的奖金。1860 年 10 月 4 日，"伊利"号以七千八百二十三点二五美元的价格售出。虽然载重仅为五百吨，但"伊利"号依然是一艘不错的船。

此外，根据 1820 年的法律审判纳撒尼尔·戈登是另一回事。当纳撒尼尔·戈登第一次面临控告时，最终的结果是无效审判。与此同时，新一届政府上台。遵守就职宣言的地方检察官 E. 德拉菲尔德·史密斯得到了任命。

1861 年 11 月 6 日，纳撒尼尔·戈登再次受审。他的辩护人是前法官迪安和 P.J. 约阿希姆，对类似案件很有经验。塞缪尔·纳尔逊法官主持审判。很快，陪审团准备就绪。

1861 年 11 月 6 日的报纸报道说，只有少数观众出席了这次审判。公众对这起案件并不感兴趣。美国内战正在进行，没有人愿意停下来关注一个船长的审判。纳撒尼尔·戈登曾经受过一次审判，因此，陪审团对判决意见产生了分歧。如果遵循先例，纳撒尼尔·戈登极有可能获得自由。当时，最著名的报纸只对这次审判作了篇幅有限的报道。因此，废寝忘食的法官、律师和陪审团从未想过自己正在创造历史。与往常的类似案件一样，被告律师抗辩称，纳撒尼尔·戈登只是一名乘客，真正的负责人是同行的一个外国人。1861 年 11 月 8 日下午，检察官完成了自己的使命。塞缪尔·纳尔逊法官宣读了法庭对纳撒尼尔·戈登的指控。1861 年 11 月 8 日晚上 7 时，陪审团退庭。二十分钟后，陪审团带着裁决书回到了法庭，判决纳撒尼尔·戈登有罪。一些记者描述当时的情景时说："听到裁决时，纳撒尼尔·戈登显得很平静。"除了真正关心这起案件的人，记者可能是唯一的观众。

然而，当判决结果出现在报刊上时，纽约市民才意识到了这起审判的重要性。1861 年 11 月 30 日，纳撒尼尔·戈登要求上诉的请求被拒，法官命令他站起来听候宣判。纳撒尼尔·戈登站了起来。法庭里挤满了人，大家都是来听最终的宣判结果的，因为纳撒尼尔·戈登是第一个被定罪为海盗的美国奴隶贩子。

当纳撒尼尔·戈登听到法官命他站起来时，脸色突然变了。但站起来后，他很快恢复了平静，勉强微笑着回答惯常的问题："我没有什么话可说。"

随后，塞缪尔·纳尔逊法官开始讲话，重申了案件的经过，谴责纳撒尼尔·戈登毫无仁慈之心，因此，法庭绝不会怜悯他。最后，塞缪尔·纳尔逊法官宣判，1862年2月7日中午12时至下午3时，纳撒尼尔·戈登将被处以绞刑。

1862年2月7日，詹姆斯·布坎南总统将纳撒尼尔·戈登的死刑延期了两个星期。一份报纸报道说："根据现在的报道，詹姆斯·布坎南总统打算为纳撒尼尔·戈登减刑。"但约瑟夫·托马斯·默里元帅了解事情的真相。纳撒尼尔·戈登收到了死刑延期的通知，他看见约瑟夫·托马斯·默里元帅时，也知道了自己的结局。

纳撒尼尔·戈登问道："元帅先生，难道就没有希望了吗？"

约瑟夫·托马斯·默里元帅回答："一点儿希望都没有了。"

然而，为了解救纳撒尼尔·戈登，很多人付出了努力。在纳撒尼尔·戈登生命的最后一天，他的一个律师发电报说，州长已经请求詹姆斯·布坎南总统推迟答复这起案件。然而，约瑟夫·托马斯·默里元帅解释说，总统已经做了决定，任何人的电报都不会改变他的决定。

解救纳撒尼尔·戈登的努力远不止这些。有人威胁说，将召集一群劫狱的暴民。当时，这种威胁很可怕，因为无辜的黑奴曾被一群纽约暴民吊死在灯柱上。

然而，1862年2月21日上午，来自海军工厂的八十名海军陆战士兵进入监狱的放风场，并将火枪装上实弹，固定好刺刀，杜绝了暴民袭击的可能性。

与此同时，纳撒尼尔·戈登写了一封信。1862年2月21日凌晨1时，他睡着了，睡了两个小时。醒来后，他立即吞下了早已准备好的毒药。毒效发作时，纳撒尼尔·戈登朝着卫兵痛苦地喊道："我欺骗了你们！我欺骗了你们！"

但卫兵误解了纳撒尼尔·戈登的意思，因此，内科医生将他救活了，准备送他上绞刑架。纳撒尼尔·戈登恢复过来后，写了两三封便条。随后，月亮出来前，约瑟夫·托马斯·默里元帅来到牢房，按照常规程序宣读了死刑执行令，并问纳撒尼尔·戈登是否有话要说。

纳撒尼尔·戈登沉默了一会儿，坚定地回答道："我问心无愧。您和助理汤普森先生对我很好，我非常感激。然而，如果一个公众人物在公开法庭上站起来对陪审团说：'如果你们对这个囚犯定罪，我将会是第一个签署请愿书请求原谅他的人',然后,他去行政部门阻止对囚犯减刑,那么这个公众人物为了获得利益,将不择手段。我不在乎人们怎么说。"

在绞刑架的阴影下,纳撒尼尔·戈登发表了一场引人注目的演讲,但演讲中包含的对地区检察官 E. 德拉菲尔德·史密斯的控告是不真实的。记者们查阅了纳撒尼尔·戈登对陪审团演说的速记报告,发现其中并没有类似的记录。

1862 年 2 月 21 日中午 12 时,纳撒尼尔·戈登说着诽谤的谎言,走向了绞刑架。1862 年 2 月 22 日的纽约《论坛报》报道称:"由于恐惧,纳撒尼尔·戈登面如死灰。他的头耷拉在肩膀上,四肢似乎不听使唤。他行走在致命的横梁下,步履蹒跚,必须有人扶着才能前行。随着行刑标志的出现,行刑者用斧头砍断了绳子,纳撒尼尔·戈登被吊在半空中。随后,他的身体出现了几次痉挛性的抽搐,颈部和双手的静脉肿胀起来,四肢逐渐僵硬,皮肤呈现青紫色。现在,奴隶贩子纳撒尼尔·戈登变成了一具饱受谴责的尸体,在冷风中来回摆动。"

三百多年来,在贩奴船肮脏的货舱里,饱受压迫的奴隶呼喊道:"还要多久,上帝啊,我们还要多久才能自由?"然而,当斧头落下,吊着纳撒尼尔·戈登的绳子嘎吱作响时,仁慈的天使终于可以回答:"就在此刻。"

# 附录 A

**摘自美国第三十七届国会第二次会议参议院第五十三号行政文件**

1852年5月1日至1862年5月1日，纽约南区被控告参与奴隶贸易、逮捕并保释的船只名称及数量，保释人员名单，保释金额及政府获得的利润。

**1. 纵帆船"乔治·H.汤森德"号**

逮捕地：——

控告时间：1854年11月2日

保释时间：1854年12月29日

保释人姓名：T.W.哈钦森

保释金额：五千美元

案件审理以及费用情况：控告被撤回

**2. 纵帆船"法尔茅斯"号**

逮捕地：——

控告时间：1856年3月18日

保释时间：——

保释人姓名：——

保释金额：——

案件审理以及费用情况：被判有罪，以五千美元售出

### 3. 纵帆船"昂沃德"号

逮捕地：——

控告时间：1855 年 1 月 31 日

保释时间：——

保释人姓名：——

保释金额：——

案件审理以及费用情况：从未逮捕

### 4. 双桅船"布拉曼"号

逮捕地：非洲海岸

控告时间：1856 年 6 月 9 日

保释时间：1856 年 6 月 18 日

保释人姓名：主权国家保释人有乔斯·B.达·库哈、B.达·库尼亚·里兹、亨利·M.巴尼斯、M.B.达·库尼亚·里兹。船只保释人有曼努埃尔、J.弗雷泽、J.布雷德克、托斯·J.G.布卢姆斯罗瑟、约翰·利瓦伊。奴隶保释人有帕特里克·麦克格雷里、亨里克斯·达·斯科斯塔

保释金额：——

船只保释：六千二百美元

奴隶保释：八百五十七点九五美元

案件审理以及费用情况：案件悬而未决

### 5. 三桅帆船"猎户座"号

逮捕地：非洲海岸

控告时间：1859 年 6 月 21 日

保释时间：1859 年 8 月 6 日

保释人姓名：船只保释人有鲁道夫·布鲁门伯格、H.S.瓦伊宁。奴隶保释人有普鲁·布卢门伯格、J.F.D.米兰达

保释金额：一万二千美元，保释金在船上被发现，船只保释金为五千九百二十三点九五美元

案件审理以及费用情况：被判有罪，执行时宣布"无被扣押的货物"被返回。鲁道夫·布鲁门伯格被判保释时作伪证，近日被美国地方检察官证实；被判入州监狱五年

### 6. 三桅帆船"阿登"号

逮捕地：非洲海岸

控告时间：1859年9月20日

保释时间：1859年11月1日

保释人姓名：贺拉斯·F. 帕里什、梅里特·N. 克拉夫特

保释金额：七千零二十九点六八美元

案件审理以及费用情况：案件悬而未决

### 7. 双桅船"J.P. 胡珀"号

逮捕地：——

控告时间：1859年11月1日

保释时间：——

保释人姓名：——

保释金额：——

案件审理以及费用情况：1860年5月2日，控告被撤回

### 8. 轮船"埃米莉"号

逮捕地：非洲海岸

控告时间：1859年11月15日

保释时间：1860年1月14日

保释人姓名：威廉·M. 阿诺德、史蒂芬·凯利

保释金额：四千七百七十六点八美元

案件审理以及费用情况：案件悬而未决

### 9. 三桅帆船"夏洛特·E. 泰"号

逮捕地：纽约

控告时间：1860 年 4 月 24 日

保释时间：1860 年 5 月 10 日

保释人姓名：杰西・A. 布拉多克、弗莱德・K. 迈耶

保释金额：六千三百五十四点七一美元

案件审理以及费用情况：案件悬而未决

### 10. 三桅帆船"科拉"号

逮捕地：纽约

控告时间：1860 年 5 月 18 日

保释时间：1860 年 6 月 23 日

保释人姓名：罗伯特・格里菲斯、查斯・纽曼

保释金额：二万二千一百二十八点三三美元

案件审理以及费用情况：被判有罪并宣布执行；宣布"无被扣押的货物"被返回

### 11. 纵帆船"约瑟芬"号

逮捕地：纽约

控告时间：1860 年 5 月 28 日

保释时间：1860 年 6 月 22 日

保释人姓名：戴维・德克尔、本杰明・伊萨克

保释金额：一万二千一百七十四点五九美元

案件审理以及费用情况：案件悬而未决

### 12. 双桅船"法尔茅斯"号

逮捕地：非洲海岸

控告时间：1860 年 6 月 18 日

保释时间：——

保释人姓名：——

保释金额：——

案件审理以及费用情况：作为易坏财产卖出一千零五十八点三二美元，归法院所有；案件悬而未决，二百七十二美元是扣除成本和水手工资后的收入

### 13. 纵帆船"马里基塔"号

逮捕地：纽约

控告时间：1860 年 6 月 16 日

保释时间：1860 年 7 月 10 日

保释人姓名：詹姆斯·E. 沃德、詹姆斯·A. 范布朗特、迈克尔·鲁普、皮埃尔·L. 皮尔斯、亨利·M. 巴尼斯、H.C. 里昂

保释金额：二万四千五百美元

案件审理以及费用情况：1861 年 1 月 28 日，控告被撤回

### 14. 双桅帆船"托马斯·埃科恩"号

逮捕地：非洲海岸

控告时间：1860 年 8 月 16 日

保释时间：1860 年 12 月 4 日

保释人姓名：约瑟夫·桑托斯、乔治·H. 布兰查德

保释金额：三千四百八十五美元

案件审理以及费用情况：案件悬而未决

### 15. 三桅帆船"凯特"号

逮捕地：纽约

控告时间：1860 年 7 月 6 日

保释时间：1860 年 8 月 30 日

保释人姓名：约翰·J. 迪尔

保释金额：九千三百美元

案件审理以及费用情况：案件悬而未决

### 16. 双桅船"W.R. 基比"号

逮捕地：古巴海岸

控告时间：1860 年 8 月 4 日

保释时间：——

保释人姓名：——

保释金额：——

案件审理以及费用情况：被判有罪，卖出四千五百五十一点四七美元

### 17. 三桅船"风向计"号

逮捕地：纽约

控告时间：1860 年 10 月 1 日

保释时间：——

保释人姓名：船只仍被监管

保释金额：——

案件审理以及费用情况：被判有罪，上诉辩论，等待法庭裁决

### 18. 三桅船"伊利"号

逮捕地：非洲海岸

控告时间：1860 年 10 月 4 日

保释时间：——

保释人姓名：——

保释金额：——

案件审理以及费用情况：被判有罪，卖出九千五百九十六点六二美元

### 19. 轮船"威廉·J. 科斯维尔"号

逮捕地：纽约

控告时间：1860 年 10 月 28 日

保释时间：——

保释人姓名：船只仍被监管

保释金额：——

案件审理以及费用情况：1861年2月4日，控告被撤回

20. 三桅帆船"科拉"号

逮捕地：非洲海岸

控告时间：1860年12月10日

保释时间：——

保释人姓名：——

保释金额：——

案件审理以及费用情况：被判有罪，卖出九千五百九十六点六二美元

21. 双桅船"莎拉"号

逮捕地：纽约

控告时间：1862年2月2日

保释时间：1862年4月6日

保释人姓名：约瑟夫·W. 耶茨、罗伯特·波特菲尔德

保释金额：六千八百八十六点二一美元

案件审理以及费用情况：被判有罪，上诉辩论，等待法庭裁决

22. 双桅船"夜莺"号

逮捕地：非洲海岸

控告时间：1861年6月20日

保释时间：——

保释人姓名：——

保释金额：——

案件审理以及费用情况：被判有罪，卖出一万三千五百零一点一零美元

23. 三桅船"奥古斯塔"号

逮捕地：格林波特

控告时间：1860年6月19日

保释时间：1860 年 10 月 28 日

保释人姓名：艾萨克·派克、约瑟夫·瓦格勒

保释金额：四千二百五十美元

案件审理以及费用情况：被判有罪，案件仍在上诉，悬而未决

### 24. 双桅船"法尔茅斯"号

逮捕地：格林波特

控告时间：1861 年 8 月 2 日

保释时间：1861 年 10 月 1 日

保释人姓名：乔治·H. 莱纳斯、威廉·瓦茨

保释金额：一千六百六十五美元

案件审理以及费用情况：案件悬而未决

### 25. 双桅船"特里顿"号

逮捕地：非洲海岸

控告时间：1861 年 7 月 12 日

保释时间：1861 年 8 月 6 日

保释人姓名：佩顿·A. 基恩、约翰·S. 皮尔森与 J.A. 利兰

保释金额：两千三百七十九美元

案件审理及费用情况：案件悬而未决

### 26. 三桅船"奥古斯塔"号

逮捕地：格林波特

控告时间：1861 年 11 月 11 日

保释时间：——

保释人姓名：船只仍在监管中

保释金额：——

案件审理以及费用情况：案件悬而未决

# 附录 B

**摘自美国第三十七届国会第二次会议参议院第五十三号行政文件**

1852 年 5 月 1 日至 1862 年 5 月 1 日，在纽约南区被控告参与奴隶贸易、逮捕并保释的名单，保释人姓名，保释金额以及政府获得的利润。

### 1. 曼纽尔·艾切维利亚

逮捕时间：1855 年 6 月

保释时间：1855 年 9 月 25 日

保释人姓名：安德鲁·帕特洛、弗朗西斯科·德尔·霍约

保释金额：二万美元

案件审理以及费用情况：未交保释金，被告接受审判并无罪释放

### 2. 史蒂芬·E. 格洛弗

逮捕时间：1854 年 10 月

保释时间：1855 年 4 月 25 日

保释人姓名：约翰·J. 博伊德、约瑟夫·麦克默里

保释金额：二万美元

案件审理以及费用情况：未交保释金，大陪审团未找到法案审理

### 3. 杰洛米诺·赫尔梅斯

逮捕时间：1855 年 6 月

保释时间：1855 年 6 月 29 日

保释人姓名：约翰·A. 马查多

保释金额：一万美元

案件审理以及费用情况：未交保释金，控诉被驳回

### 4. L. 克拉夫特

逮捕时间：1855 年 1 月

保释时间：1855 年 1 月 29 日

保释人姓名：乔治·范斯塔弗伦、拉蒙·帕兰卡

保释金额：五千美元

案件审理以及费用情况：未交保释金，控诉被驳回

### 5. 威廉·F. 马丁

逮捕时间：1855 年 5 月

保释时间：1855 年 7 月 14 日

保释人姓名：菲洛·V. 毕比

保释金额：二千五百美元

案件审理以及费用情况：未交保释金，被告接受审判并无罪释放

### 6. 西奥多·A. 梅尔斯

逮捕时间：1855 年 5 月

保释时间：1855 年 5 月 26 日

保释人姓名：罗伯特·J. 沃克、A.C. 华盛顿、C.H. 瑞纳

保释金额：五千美元

案件审理以及费用情况：未交保释金，被告接受审判并无罪释放

## 7. 巴塞洛缪·布兰科

逮捕时间：1854 年 10 月

保释时间：1854 年 10 月 11 日

保释人姓名：爱德华·保尔克、查尔斯·G.斯塔尼

保释金额：二万美元

案件审理以及费用情况：未交保释金，未找到法案审理

## 8. 威廉·C.瓦伦丁

逮捕时间：1854 年 9 月 20 日

保释时间：1854 年 9 月 20 日

保释人姓名：戴维·T.瓦伦丁、巴塞特·B.伯勒姆、詹姆斯·S.利比

保释金额：二万美元

案件审理以及费用情况：未交保释金，被告接受审判并无罪释放

## 9. 贾斯珀·M.达·库尼亚

逮捕时间：1857 年 4 月

保释时间：1858 年 6 月 5 日

保释人姓名：乔治·M.雷阿

保释金额：二千五百美元

案件审理以及费用情况：未交保释金，1858 年原告撤回起诉

## 10. 普里西多·德·卡斯特罗

逮捕时间：1857 年 4 月

保释时间：1857 年 7 月 17 日

保释人姓名：乔斯·瓦罗尼

保释金额：二千五百美元

案件审理以及费用情况：未交保释金，被告接受审判并无罪释放

11. 鲁道夫·E. 拉萨拉

逮捕时间：1855 年 5 月

保释时间：1855 年 11 月 14 日

保释人姓名：尼古拉·德尔·里奥、丹尼尔·柯蒂斯

保释金额：七千五百美元

案件审理以及费用情况：未交保释金，被告接受审判并无罪释放

12. 菲利普·S. 范维克滕

逮捕时间：1857 年 5 月

保释时间：1857 年 5 月 2 日

保释人姓名：尤尼斯·范维克滕、约翰·P. 威克斯

保释金额：五千美元

案件审理以及费用情况：未交保释金，控诉被驳回

13. J. 德·阿兰加

逮捕时间：1857 年 5 月

保释时间：1857 年 5 月 2 日

保释人姓名：彼得·吉尔西、埃德温·P. 克里斯蒂

保释金额：五千美元

案件审理以及费用情况：未交保释金，控诉被驳回

14. 路易·皮尔韦

逮捕时间：1857 年 5 月

保释时间：1857 年 5 月 25 日

保释人姓名：埃德温·R. 柯

保释金额：五千美元

案件审理以及费用情况：未交保释金

### 15. 约翰·琼斯

逮捕时间：1857 年 5 月

保释时间：1857 年 5 月 21 日

保释人姓名：杰西·A. 布莱德克

保释金额：五百美元

案件审理以及费用情况：未交保释金

### 16. 莉尼亚·维安娜

逮捕时间：1857 年 10 月

保释时间：1857 年 10 月 26 日

保释人姓名：佐菲尔·皮尔萨尔

保释金额：一万美元

案件审理以及费用情况：未交保释金，1858 年原告撤回起诉

### 17. 乔斯·桑托斯

逮捕时间：1857 年 4 月

保释时间：1857 年 10 月 26 日

保释人姓名：杰西·A. 布莱德克

保释金额：二千美元

案件审理以及费用情况：未交保释金，1858 年原告撤回起诉

### 18. 乔斯·A. 耶茨

逮捕时间：1857 年

保释时间：1857 年 7 月 2 日

保释人姓名：约瑟夫·W. 耶茨、贺拉斯·J. 穆迪

保释金额：一千美元

案件审理以及费用情况：未交保释金

### 19. 本杰明·F. 温伯格

逮捕时间：1856 年 10 月

保释时间：1857 年 10 月 22 日

保释人姓名：贺拉斯·J. 穆迪

保释金额：二千美元

案件审理以及费用情况：未交保释金，被告接受审判并无罪释放

### 20. 胡安·M. 史密斯

逮捕时间：1857 年 10 月

保释时间：1857 年 10 月 22 日

保释人姓名：罗伯特·波特菲尔德、H.M. 布兰斯

保释金额：二千美元

案件审理以及费用情况：未交保释金，1858 年原告撤回起诉

### 21. 巴西利奥·拉·库尼亚·里斯

逮捕时间：1856 年 6 月

保释时间：1856 年 6 月 26 日

保释人姓名：乔治·W. 罗斯福、G.J. 德·拉·费加尼耶

保释金额：五千美元

案件审理以及费用情况：未交保释金，被告接受审判并无罪释放

### 22. 帕西德·德·卡斯特罗

逮捕时间：1856 年 6 月

保释时间：1860 年 6 月 22 日

保释人姓名：杰西夫·瓦罗纳

保释金额：二千五百美元

案件审理以及费用情况：未交保释金，被告接受审判并无罪释放

### 23. 亨利科·德·科斯塔

逮捕时间：1855 年 6 月

保释时间：1856 年 6 月 21 日

保释人姓名：亨利·M. 巴尼斯

保释金额：五千美元

案件审理以及费用情况：被告保释后投降，随后逃跑

### 24. 奥古斯塔·C. 德·梅斯基特

逮捕时间：1856 年 10 月

保释时间：1856 年 11 月 11 日

保释人姓名：乔治·M. 雷、小约翰·拉德韦

保释金额：五千美元

案件审理以及费用情况：未交保释金，被告接受审判并无罪释放

### 25. 本杰明·F. 温伯格

逮捕时间：1856 年 10 月

保释时间：1856 年 11 月 16 日

保释人姓名：托马斯·A. 格里、雅各布·R. 特尔费尔

保释金额：五千美元

案件审理以及费用情况：未交保释金，被告接受审判并无罪释放

### 26. 约翰·P. 威克斯

逮捕时间：1856 年 10 月

保释时间：1856 年 11 月 6 日

保释人姓名：本杰明·纽豪斯

保释金额：——

案件审理以及费用情况：未交保释金，被告接受审判并无罪释放

## 27. 威廉·C. 斯图尔特

逮捕时间：1859 年 6 月

保释时间：1859 年 11 月 16 日

保释人姓名：托马斯·柯林斯

保释金额：二百五十美元

案件审理以及费用情况：未交保释金，控告被驳回

## 28. 约翰·威廉

逮捕时间：1859 年 6 月

保释时间：1859 年 6 月 16 日

保释人姓名：杰西·A. 布莱德克

保释金额：二百五十美元

案件审理以及费用情况：未交保释金，控告被驳回

## 29. 乔斯·威廉

逮捕时间：1859 年 6 月

保释时间：1859 年 6 月 16 日

保释人姓名：杰西·A. 布莱德克

保释金额：二百五十美元

案件审理以及费用情况：未交保释金，控告被驳回

## 30. 亨利·威廉

逮捕时间：1859 年 6 月

保释时间：1859 年 6 月 16 日

保释人姓名：杰西·A. 布莱德克

保释金额：二百五十美元

案件审理以及费用情况：未交保释金，控告被驳回

## 31. 理查德·韦尔奇

逮捕时间：1859 年 6 月

保释时间：1859 年 6 月 16 日

保释人姓名：托马斯·柯林斯

保释金额：二百五十美元

案件审理以及费用情况：未交保释金，控告被驳回

## 32. 托马斯·摩尔根

逮捕时间：1859 年 6 月

保释时间：1859 年 6 月 16 日

保释人姓名：杰西·A.布莱德克

保释金额：一千美元

案件审理以及费用情况：未交保释金，控告被驳回

## 33. 乔治·保罗

逮捕时间：1859 年 6 月

保释时间：1859 年 6 月 16 日

保释人姓名：杰西·A.布莱德克

保释金额：二百五十美元

案件审理以及费用情况：未交保释金，控告被驳回

## 34. 威廉·菲舍尔

逮捕时间：1859 年 6 月

保释时间：1859 年 6 月 16 日

保释人姓名：杰西·A.布莱德克

保释金额：二百五十美元

案件审理以及费用情况：未交保释金，控告被驳回

### 35. 罗伯特·霍恩

逮捕时间：1859 年 6 月

保释时间：1859 年 6 月 16 日

保释人姓名：杰西·A. 布莱德克

保释金额：二百五十美元

案件审理以及费用情况：未交保释金，控告被驳回

### 36. 哈蒙·贝克

逮捕时间：1859 年 6 月

保释时间：1859 年 6 月 16 日

保释人姓名：杰西·A. 布莱德克

保释金额：二百五十美元

案件审理以及费用情况：未交保释金，控告被驳回

### 37. 乔纳森·布朗

逮捕时间：1859 年 6 月

保释时间：1859 年 6 月 16 日

保释人姓名：杰西·A. 布莱德克

保释金额：二百五十美元

案件审理以及费用情况：未交保释金，控告被驳回

### 38. 特里斯塔斯·P. 康豪

逮捕时间：1859 年 6 月

保释时间：1859 年 6 月 16 日

保释人姓名：杰西·A. 布莱德克

保释金额：一千美元

案件审理以及费用情况：未交保释金，控告被驳回

## 39. 托斯·卡罗尔顿

逮捕时间：1859 年 6 月

保释时间：1859 年 6 月 16 日

保释人姓名：杰西·A. 布莱德克

保释金额：二百五十美元

案件审理以及费用情况：未交保释金，控告被驳回

## 40. 威廉·C. 卡特

逮捕时间：1859 年 6 月

保释时间：1859 年 6 月 16 日

保释人姓名：约翰·J. 迪尔

保释金额：三千美元

案件审理以及费用情况：被告 1860 年 6 月 25 日被控告，但下落不明，未交保释金

## 41. 约翰·A. 马查多

逮捕时间：1861 年 8 月

保释时间：1861 年 9 月 11 日

保释人姓名：乔治·A. 沃格尔

保释金额：五千美元

案件审理以及费用情况：未交保释金，控告被驳回

## 42. 威廉·普拉特

逮捕时间：1861 年 4 月

保释时间：1861 年 7 月 27 日

保释人姓名：查尔斯·M. 特里

保释金额：一千美元

案件审理以及费用情况：未交保释金，没有法案审判

### 43. 安东尼奥·奥斯

逮捕时间：1861 年 4 月

保释时间：1861 年 5 月 3 日

保释人姓名：约翰·F. 布雷德里克

保释金额：五百美元

案件审理以及费用情况：未交保释金，原告撤回起诉

### 44. 纳西尼尔·柯里尔

逮捕时间：1860 年 12 月

保释时间：1861 年 5 月 3 日

保释人姓名：约翰·F. 布雷德里克

保释金额：五百美元

案件审理以及费用情况：未交保释金，原告撤回起诉

### 45. 乔斯·桑切斯

逮捕时间：1860 年 12 月

保释时间：1861 年 5 月 3 日

保释人姓名：约翰·F. 布雷德里克

保释金额：五百美元

案件审理以及费用情况：未交保释金，原告撤回起诉

### 46. 曼纽尔·圣·萨瓦拉

逮捕时间：1860 年 12 月

保释时间：1861 年 2 月 21 日

保释人姓名：加勒特·埃克森

保释金额：五百美元

案件审理以及费用情况：未交保释金，原告撤回起诉

### 47. 迪德尼·奥克史密斯

逮捕时间：1861 年 11 月

保释时间：1861 年 11 月 20 日

保释人姓名：奥尔文·B. 凯斯

保释金额：五百美元

案件审理以及费用情况：未交保释金，控告被驳回

### 48. 沃尔特·R. 黑文

逮捕时间：1861 年 11 月

保释时间：1861 年 11 月 20 日

保释人姓名：奥尔文·B. 凯斯

保释金额：五百美元

案件审理以及费用情况：未交保释金，控告被驳回

### 49. 巴托洛·格兰

逮捕时间：1860 年 12 月

保释时间：1861 年 10 月 8 日

保释人姓名：亚历山大·麦尔维尔

保释金额：五百美元

案件审理以及费用情况：未交保释金，原告撤回起诉

### 50. 埃拉斯图斯·H. 布斯

逮捕时间：1861 年 9 月

保释时间：1862 年 3 月 24 日

保释人姓名：普林尼·S. 米尔斯

保释金额：二千美元

案件审理以及费用情况：案件仍悬而未决

### 50. 埃拉斯图斯·H. 布斯

逮捕时间：1861 年 9 月

保释时间：1862 年 3 月 24 日

保释人姓名：普林尼·S. 米尔斯

保释金额：三千美元

案件审理以及费用情况：案件仍悬而未决

### 51. 约瑟夫·E. 桑托斯

逮捕时间：1861 年 8 月

保释时间：1861 年 8 月 14 日

保释人姓名：詹姆斯·墨菲

保释金额：五千美元

案件审理以及费用情况：案件仍悬而未决

### 52. 阿尔伯特·霍恩

逮捕时间：1861 年 4 月

保释时间：1861 年 8 月 13 日

保释人姓名：W.R. 比德、盖伊·R. 佩尔顿

保释金额：五千美元

案件审理以及费用情况：案件仍悬而未决

### 53. 明瑟恩·韦斯特韦尔特

逮捕时间：1861 年 6 月

保释时间：1861 年 11 月 25 日

保释人姓名：约翰·S. 韦斯特维特、弗兰西斯·曼

保释金额：五千美元

案件审理以及费用情况：案件仍悬而未决

## 54. 弗雷德里克·奥托

逮捕时间：1860 年 7 月

保释时间：1860 年 7 月 10 日

保释人姓名：杰西·A. 布莱德克

保释金额：一千五百美元

案件审理以及费用情况：已交保释金，诉讼开始，案件仍悬而未决

## 55. 亨利科·达·科斯塔

逮捕时间：1860 年 7 月

保释时间：1860 年 9 月 18 日

保释人姓名：菲洛·V. 毕比、W.R. 毕比

保释金额：五千美元

案件审理以及费用情况：已交保释金，诉讼开始，案件仍悬而未决

## 56. 乔治·H. 利诺斯

逮捕时间：1861 年 9 月

保释时间：1861 年 9 月 19 日

保释人姓名：W.R. 毕比

保释金额：二千美元

案件审理以及费用情况：未交保释金，控告被驳回

## 57. 阿尔贝蒂·吉文斯

逮捕时间：1861 年 11 月

保释时间：1861 年 11 月 22 日

保释人姓名：W.R. 毕比

保释金额：五百美元

案件审理以及费用情况：未交保释金，控告被驳回

### 58. J.M. 史密斯

逮捕时间：1862 年 2 月

保释时间：1862 年 2 月 10 日

保释人姓名：C. 多诺霍

保释金额：三千美元

案件审理以及费用情况：案件仍悬而未决

### 59. 阿尔伯特·霍恩

逮捕时间：1861 年 4 月

保释时间：1861 年 5 月 4 日

保释人姓名：W.R. 毕比、盖伊·R. 佩尔顿

保释金额：五千美元

案件审理以及费用情况：案件悬而未决

### 60. 皮埃尔·L. 皮尔斯

逮捕时间：1860 年 9 月

保释时间：1860 年 10 月 6 日

保释人姓名：沃德·A. 沃克

保释金额：五千美元

案件审理以及费用情况：未交保释金，原告撤回起诉

# 专有名词英汉对照

| | |
|---|---|
| Du Bois | 杜·博伊斯 |
| A.S.Clark | A.S. 克拉克 |
| Jamestown | 詹姆斯敦 |
| Virginia | 弗吉尼亚州 |
| Chesapeake Bay | 切萨皮克湾 |
| Mayflower | "五月花"号 |
| Flushing | 法拉盛 |
| John Rolfe | 约翰·罗尔夫 |
| Pocahontas | 波卡洪塔斯 |
| Captain Samuel Argal | 塞缪尔·艾格尔上校 |
| Earl of Warwick | 沃里克伯爵 |
| Robert Rich | 罗伯特·里奇 |
| Treasurer | "司库"号 |
| Duke of Savoy | 萨伏依公爵 |
| Charles Emmanuel I | 查理·伊曼纽尔一世 |
| West Indies | 西印度群岛 |
| John Pory | 约翰·波利 |
| Dudley Carleton | 达德利·卡尔顿 |
| Angela | 安吉拉 |
| John Camden Hotten | 约翰·卡姆登·赫腾 |
| *Original List of Emigrants, etc* | 《移民及其他名单》 |
| Somer Islands | 萨默群岛 |
| Bermuda | 百慕大群岛 |
| New England coast | 新英格兰海岸 |
| Erik Thorvaldsson | 埃里克·瑟瓦尔德森 |

美洲奴隶贸易：起源、繁荣与终结

| | |
|---|---|
| Peter Menendez | 彼得·梅嫩德斯 |
| St.Augustine | 圣奥古斯丁 |
| *Magazine of American History* | 《美国历史杂志》 |
| Desire | "欲望"号 |
| Marblehead | 马布尔黑德 |
| *Winthrop's Journal* | 《温思罗普杂志》 |
| Mr. Pierce | 皮尔斯先生 |
| Providence | 普罗维登斯 |
| Tortugas | 托尔图加斯 |
| Fortune | "财富"号 |
| Grey | 格雷 |
| Angola | 安哥拉 |
| Manhattan Island | 曼哈顿岛 |
| Battery beach | 巴特利海滩 |
| *Charter of Liberties and Exemptions* | 《自由与免税宪章》 |
| Willem Kieft | 威廉·基夫特 |
| *True and Sincere Declaration* | 《真实而真诚的宣言》 |
| *Gospel* | 《福音书》 |
| Captain John Smith | 约翰·史密斯上校 |
| Barbadoes | 巴巴多斯 |
| George Fox | 乔治·福克斯 |
| Guilders | 荷兰盾 |
| Georgia | 佐治亚 |
| Hayti | 海地 |
| Fernando de Herrera | 费尔南多·德·赫雷拉 |
| Bartholomew de las Casas | 巴塞洛缪·德·拉斯·卡萨斯 |
| Hispaniola | 伊斯帕尼奥拉岛 |
| John Hawkins | 约翰·霍金斯 |
| Queen Elizabeth | 伊丽莎白一世 |
| Charles II | 查理二世 |
| James II | 詹姆斯二世 |
| Royal Assiento | 皇家阿西昂特公司 |
| *Treaty of Utrecht* | 《乌特勒支条约》 |
| Hudson Bay Territory | 哈德逊湾地区 |
| Arcdia | 阿卡迪亚 |
| Newfoundland | 纽芬兰 |
| Gibraltar | 直布罗陀 |
| Bristol | 布里斯托尔 |
| Newport | 纽波特 |
| Eric Canal boat | 埃里克运河船 |
| Geo.H.Moor | 乔治·H.摩尔 |

## 专有名词英汉对照

| | |
|---|---|
| Madeira | 马德拉岛 |
| Canaries | 加那利群岛 |
| Coast of Guinea | 几内亚海岸 |
| Rhode Island | 罗德岛殖民地 |
| Governor Sameul Cranston | 塞缪尔·克兰斯顿总督 |
| *Reminiscences of Samuel Hopkins* | 《塞缪尔·霍普金斯回忆录》 |
| David Lindsay | 戴维·林赛 |
| *Historical Record* | 《美国历史记录》 |
| George Scott | 乔治·斯科特 |
| Annamaboe | 阿诺马布 |
| Bonner | 邦纳 |
| Antigo | 安蒂戈 |
| Captain Kinnecutt | 肯莱克特船长 |
| Sanderson | "桑德森"号 |
| William Johnson | 威廉·约翰逊 |
| Portsmouth | 朴茨茅斯 |
| Hudson Rever | 哈德孙河 |
| Mr.Taylor | 泰勒先生 |
| James Dixon | 詹姆斯·狄克逊 |
| Hamlet | 哈姆雷特 |
| James Jepson | 詹姆斯·杰普森 |
| Carpenter | 卡彭特 |
| Butler | 布特勒 |
| Gardner | 加德纳 |
| Firginson | 弗金森 |
| Cape Coast Castle | 海岸角堡 |
| Elias Merival | 埃利亚斯·麦里维尔 |
| Maligabar pepper | 马里加巴胡椒粉 |
| Sanford | 桑福德 |
| John Wood | 约翰·伍德 |
| Billy Boates | 比利·伯茨 |
| William Boates | 威廉·伯茨 |
| Knight | "骑士"号 |
| Leeward Islands | 背风群岛 |
| Hugh Crow | 休·克罗船长 |
| Mary | "玛丽"号 |
| John Paul Jones | 约翰·保罗·琼斯 |
| King George | "乔治国王"号 |
| John Griffen | 约翰·格里芬 |
| Prymus | 普莱茅斯 |
| Adam | 亚当 |

| | |
|---|---|
| Captain Hammond | 哈蒙德船长 |
| Long | "长久"号 |
| Leward | 利沃德 |
| Shama | 沙马河 |
| St.John | "圣约翰"号 |
| O'Callagan | 奥卡拉根 |
| *Voyages of the Slavers* | 《贩奴船的航行》 |
| Perfect | "完美"号 |
| Mana | 默纳河 |
| Potter | 波特 |
| Captain Daniel Cooke | 丹尼尔·库克船长 |
| Spencer | "斯宾塞"号 |
| Macedonian | "马其顿"号 |
| Oak Tree | "橡树"号 |
| Hoorn | 霍伦 |
| Jansen Eykenboom | 詹森·艾肯勃朗 |
| Welcome | "欢迎"号 |
| Fame | "名声"号 |
| Caleb Clapp | 凯莱布·克拉普 |
| Stephen Brown | 史蒂芬·布朗 |
| Felicidade | "费利西达德"号 |
| Maria | "玛丽亚"号 |
| Rio Bango | "里奥班戈"号 |
| Venus | "维纳斯"号 |
| Baltimore | 巴尔的摩 |
| Procidencia | "普罗维登西亚"号 |
| Cacique | "黄鹂"号 |
| Tigress | "雌狮"号 |
| Stonington | 斯托宁顿 |
| Sexias | 塞西亚斯 |
| Cabinda | 卡奔达 |
| Augusta | "奥古斯塔"号 |
| Gilbert H.Cooper | 吉尔伯特·H.库珀 |
| Appleton Oaksmith | 阿普尔顿·奥克史密斯 |
| Sierra Leone | "塞拉利昂"号 |
| *Examen de l'Esclavage en General* | 《奴隶制概略》 |
| Bandenoe | 班得诺布 |
| Niccannee | 尼卡尼布 |
| Cushtae | 库斯泰布 |
| Napoleon | "拿破仑"号 |
| Duquesa de Braganza | "布拉甘萨公爵夫人"号 |

## 专有名词英汉对照

| | |
|---|---|
| Romall | 罗梅尔布 |
| Mathew C.Perry | 马修·C.佩里 |
| Cape Verde | 佛得角 |
| Benguela | 本格拉 |
| Cape St.Martha | 圣玛莎角 |
| Goree | 戈雷岛 |
| Gambia | 冈比亚 |
| Liberia | 利比里亚 |
| Bight of Benin | 贝宁湾 |
| Bight of Biafra | 比夫拉湾 |
| Bonny | 邦尼湾 |
| Calabar | 卡拉巴尔 |
| Ambriz | 安布里什 |
| Congo | 刚果 |
| Loango | 卢安果 |
| Rainbowe | "彩虹"号 |
| Murderer | "凶手"号 |
| Alexander Falconbridge | 亚历山大·福尔肯布里奇 |
| Enterprise | "事业"号 |
| Frederick Richards Leyland | 弗雷德里克·理查兹·莱兰 |
| James Town | 詹姆斯·汤 |
| Gallinas | 加利纳斯 |
| Briton | "不列颠"号 |
| William Dove | 威廉·达夫 |
| Piccaninni Sestus | 皮卡尼尼西斯塔斯 |
| Ben Johnson | 本·约翰逊 |
| Marsh | 马什 |
| John Bowman | 约翰·鲍曼 |
| Scassus River | 斯卡苏河 |
| Theodore Canot | 西奥多·卡诺 |
| Indian Queen | "印度女王"号 |
| Duke of York | "约克公爵"号 |
| Nancy | "南希"号 |
| Concord | "和谐"号 |
| Edgar | "埃德加"号 |
| Canterbury | "坎特伯雷"号 |
| Ephraim Robin John | 以法莲·罗宾·约翰 |
| Amboe Robin John | 安博·罗宾·约翰 |
| Willy Honesty | 威利·奥尼斯蒂 |
| *Habeas Corpus* | 《人身保护法令》 |
| John Clarkson | 约翰·克拉克森 |

| | |
|---|---|
| Phillip Drake | 菲利普·德雷克 |
| Pedro Blanco | 佩德罗·布兰科 |
| Whydah | "维达"号 |
| Da Souza | 达·苏扎 |
| Cha-Chu | 查楚 |
| Dahomey | 达荷美 |
| *De Bow's Review* | 《狄波评论》 |
| Charles W. Thomas | 查尔斯·W. 托马斯 |
| John Newton | 约翰·牛顿 |
| Luke Collingwood | 卢克·科林伍德 |
| Zong | "宗格"号 |
| St. Thomas | 圣托马斯 |
| Earl of Mansfield | 曼斯菲尔德伯爵 |
| William Murray | 威廉·默里 |
| Ruiz | 鲁伊斯 |
| Papoe | 帕波小镇 |
| Gloria | "荣耀"号 |
| Tortola | 托托拉岛 |
| John Greenleaf Whittier | 约翰·格林利夫·惠蒂尔 |
| *The Slave Ships* | 《奴隶船》 |
| Guadeloupe | 瓜德罗普岛 |
| Tartar | "鞑靼"号 |
| Kentucky | "肯塔基"号 |
| Thomas H. Boyle | 托马斯·H. 波义耳 |
| Inhambane | 伊尼扬巴内 |
| George William Gordon | 乔治·威廉·戈登 |
| Henry A. Wise | 亨利·A. 怀斯 |
| James Buchanan | 詹姆斯·布坎南 |
| James K. Polk | 詹姆斯·K. 波尔克 |
| Andrew Jackson | 安德鲁·杰克逊 |
| Martin Van Buren | 马丁·范布伦 |
| Mersey | 默西河 |
| White Horse | "白马"号 |
| Lottery | "彩票"号 |
| John Whittle | 约翰·惠特尔 |
| Thomas Leyland | 托马斯·莱兰 |
| Stewart L. Woodford | 斯图尔特·L. 伍德福德 |
| Mohican | "莫希干"号 |
| E. Delafield Smith | E. 德拉菲尔德·史密斯 |
| Dean | 迪安 |
| Samuel Nelson | 塞缪尔·纳尔逊 |

## 专有名词英汉对照

| | |
|---|---|
| Thomas Carlye | 托马斯·卡莱尔 |
| Morgan Godwyn | 摩根·戈德温 |
| *The Negroes' and Indians' Advocate* | 《为黑奴和印第安人辩护》 |
| Richard Baxter | 理查德·巴克斯特 |
| *Christian Directory* | 《基督教指南》 |
| Walter A. Wyckoff | 沃尔特·A. 威科夫 |
| *The Workers* | 《工人们》 |
| Richard Saltonstall | 理查德·索顿斯托尔 |
| David Lisle | 戴维·莱尔 |
| Jonathan Strong | 乔纳森·斯特朗 |
| Wapping | 沃平 |
| William Sharp | 威廉·夏普 |
| Durham | 达拉谟 |
| John Kerr | 约翰·克尔 |
| Robert Kite | 罗伯特·凯特 |
| John Proby | 约翰·普罗比 |
| Charles Stewart | 查尔斯·斯图尔特 |
| James Somerset | 詹姆斯·萨默塞特 |
| Mary and Ann | 玛丽和安 |
| Earl of Bellomont | 贝勒蒙伯爵 |
| Richard Coote | 理查德·库特 |
| Robert Hunter | 罗伯特·亨特 |
| New Jersey | 新泽西 |
| South Carolina | 南卡罗莱纳 |
| Cato | 加图 |
| Stono | 斯通诺 |
| Thomas Rundle | 托马斯·朗德尔 |
| St.George | 圣乔治 |
| James Oglethorpe | 詹姆斯·奥格尔索普 |
| Savannah River | 萨凡纳河 |
| Parachucla | 鹦鹉螺 |
| John Austin Stevens | 约翰·奥斯丁·史蒂文斯 |
| Granville Sharp | 格兰维尔·夏普 |
| Thomas Clarkson | 托玛斯·克拉克森 |
| William Wilberforce | 威廉·威尔伯福斯 |
| Duke of Clarence | 克莱伦斯公爵 |
| William IV | 威廉四世 |
| Hull | 赫尔 |
| David Hartley | 戴维·哈特利 |
| George Saville | 乔治·萨维尔 |
| William Pitt the Younger | 小威廉·皮特 |

| | |
|---|---|
| William Dolben | 威廉·多尔宾 |
| Captain Parry | 上校帕里 |
| William Roscoe | 威廉·罗斯科 |
| Delaware | 特拉华州 |
| Maryland | 马里兰州 |
| George Mason | 乔治·梅森 |
| Connecticut | 康涅狄格州 |
| RogerSherman | 罗杰·谢尔曼 |
| Toussaint L'Ouverture | 杜桑·卢维杜尔 |
| Samuel W.Dana | 塞缪尔·W.达纳 |
| John Brown | 约翰·布朗 |
| Wilmington | 威明顿市 |
| Eli Whitney | 伊莱·惠特尼 |
| Robert Goodloe Harper | 罗伯特·古德洛·哈珀 |
| Charleston | 查尔斯顿 |
| New Orleans | 新奥尔良 |
| William Smith | 威廉·史密斯 |
| Thomas Jefferson | 托马斯·杰斐逊 |
| Vermont | 佛蒙特州 |
| Stephen R.Bradley | 斯蒂芬·R.布拉德利 |
| Joseph Clay | 约瑟夫·克莱 |
| Thomas Lowndes | 托马斯·朗兹 |
| George Mercer Brooke | 乔治·默瑟·布鲁克 |
| Constitution | "宪法"号 |
| Isaac McKeever | 艾萨克·麦基弗 |
| Louisa | "路易莎"号 |
| Marino | "马里诺"号 |
| William Mitchell | 威廉·米切尔 |
| James Madison | 詹姆斯·麦迪逊 |
| Paul Hamilton | 保罗·汉密尔顿 |
| St.Mary's | 圣玛丽亚 |
| Jean Lafitte | 让·拉菲特 |
| George T.Ross | 乔治·T.罗斯 |
| Galveston Island | 加尔维斯顿岛 |
| Louis Aury | 路易·奥利 |
| New Grenada | 新格林纳达 |
| Herrero | 赫雷罗 |
| Matagorda | 马塔戈达 |
| David Brydie Mitchell | 戴维·布里迪·米切尔 |
| Creek Indians | 克里克印第安联盟 |
| Havana | 哈瓦那 |

## 专有名词英汉对照

| | |
|---|---|
| Kaffle | 卡菲尔 |
| Escambia River | 埃斯坎比亚河 |
| Elba | 厄尔巴岛 |
| Bourbon dynasty | 波旁王朝 |
| *Treaty of Ghent* | 《根特条约》 |
| *Assiento Treaty* | 《阿西昂特条约》 |
| John Quincy Adam | 约翰·昆西·亚当斯 |
| Justice Heath | 希思法官 |
| Montevideo | 蒙得维的亚 |
| Jason L.Pendleton | 詹森·L.彭德尔顿 |
| Cyane | "阿涅"号 |
| Constitucao | "康蒂西奥"号 |
| Daniel Webster | 丹尼尔·韦伯斯特 |
| Baron Ashburton | 阿什伯顿勋爵 |
| Alexander Baring | 亚历山大·巴林 |
| Hugh Nelson | 休·纳尔逊 |
| Thomas Butler | 托马斯·巴特勒 |
| James Bowie | 詹姆斯·鲍伊 |
| Rezin Bowie | 雷津·鲍伊 |
| Commodore Perry | "佩里准将"号 |
| Commodore McDonough | "麦克多诺准将"号 |
| Argus | "阿格斯"号 |
| Criterion | "规范"号 |
| Saucy Jack | "粗鲁的杰克"号 |
| Paz | "帕斯"号 |
| Princess Charlotte | "夏洛特公主"号 |
| Camperdown | "坎珀当"号 |
| Rambler | "漫步者"号 |
| Trial | "审判"号 |
| Velos Passagero | "韦洛斯帕萨格罗"号 |
| Primrose | "普里姆罗斯"号 |
| Black Joke | "黑色幽默"号 |
| William Ramsay | 威廉·拉姆齐 |
| Homans | 霍曼斯 |
| Medina | "麦地那"号 |
| Bom Jesus | "邦热苏斯"号 |
| *Wheaton's Reports* | 《惠顿报告》 |
| *Cranch's Reports* | 《克兰奇报告》 |
| *Peters's Reports* | 《彼得斯报告》 |
| Edward Trenchard | 爱德华·特伦查德 |
| Rio de Janeiro | 里约热内卢 |

| | |
|---|---|
| Nova Scotia | 新斯科舍 |
| Smeatham | 史密山姆 |
| Thompson | 汤普森 |
| Henry Clay | 亨利·克莱 |
| Robert Wright | 罗伯特·赖特 |
| Elias B.Caldwell | 伊莱亚斯·B.考德威尔 |
| John Randolph | 约翰·伦道夫 |
| Bushrod Washington | 布什罗德·华盛顿 |
| Samuel Bacon | 塞缪尔·培根 |
| John P.Bankson | 约翰·P.班克森 |
| Dr.Samuel A.Crozer | 塞缪尔·A.克罗泽医生 |
| Elizabeth | "伊丽莎白"号 |
| Sherboro | 舍伯罗 |
| New Bedford | 新贝德福德 |
| Kizel | 基泽尔 |
| Junk rivers | 垃圾河 |
| Dr.Ayres | 艾尔斯医生 |
| Elijah Johnson | 伊利亚·约翰逊 |
| Tradetown | 贸易小镇 |
| *African Repository* | 《非洲资源库》 |
| Ann | "安"号 |
| Cape Palmas | 帕尔马斯角 |
| Bassa Cove | 巴萨湾 |
| Ninus | "尼努斯"号 |
| Dr.Hawes | 霍斯医生 |
| Thomas Buchanan | 托马斯·布坎南 |
| John Seyes | "约翰·塞耶斯"号 |
| Joseph J.Roberts | 约瑟夫·J.罗伯特 |
| Catharine Richardson | 凯瑟琳·理查森 |
| Charles Johnson | 查尔斯·约翰逊 |
| Perth Amboy | 珀斯安博伊 |
| Hezekiah Niles | 赫齐卡亚·奈尔斯 |
| Alexandria | 亚历山大市 |
| Omaha | 奥马哈 |
| Comet | "彗星"号 |
| Bahama group | 巴哈马群岛 |
| False Keys | 福尔斯基斯 |
| Nassau | 拿骚 |
| Encomium | "颂词"号 |
| Bermuda | 百慕大群岛 |
| Bloom | "花朵"号 |

## 专有名词英汉对照

| | |
|---|---|
| George Hammett | 乔治·哈米特 |
| John Ruskin | 约翰·罗斯金 |
| Viscount Palmerston | 帕默斯顿子爵 |
| Henry John Temple | 亨利·约翰·坦普尔 |
| Robert Ensor | 罗伯特·恩索尔 |
| Creole | "克里奥尔"号 |
| Richmond | 里士满 |
| Madison Washington | 麦迪逊·华盛顿 |
| Joshua R.Giddings | 约书亚·R.吉丁斯 |
| Thomas R.Gedney | 托马斯·R.格德尼 |
| Washington | "华盛顿"号 |
| Gardiner's Island | 加德纳岛 |
| Montauk Point | 蒙托克角 |
| Culloden Point | 卡洛登 |
| Richard W.Meade | 理查德·W.米德 |
| David D.Porter | 戴维·D.波特 |
| Jose Ruiz | 约瑟·鲁伊斯 |
| Pedro Montez | 佩德罗·蒙特兹 |
| Amistad | "阿米斯特德"号 |
| Ramon Ferrar | 雷蒙·费拉尔 |
| Puerto Principe | 普林西比港 |
| Guanaja | 瓜纳哈 |
| Antonio | 安东尼奥 |
| Cinque | 辛克 |
| New London | 新伦敦 |
| Tecora | "特科拉"号 |
| Joseph Story | 约瑟夫·斯托里 |
| William S.Holabird | 威廉·S.霍拉伯德 |
| John Forsyth | 约翰·福赛思 |
| Felix Grundy | 费利克斯·格伦迪 |
| Martin Van Buren | 马丁·范布伦 |
| *Mills' Register* | 《米尔斯的记录》 |
| Bay Islands | 海湾群岛 |
| House Committee on Foreign Affairs | 众议院外交委员会 |
| Charles J.Ingersoll | 查尔斯·J.英格索尔 |
| Charles A.L.Lamar | 查尔斯·A.L.拉马尔 |
| Howell Cobb | 豪厄尔·科布 |
| Mr.John Boston | 约翰·波士顿先生 |
| Grant | 格兰特 |
| Albert Devereux | "艾伯特·德弗鲁"号 |
| Theodore Johnson | 西奥多·约翰逊 |

| | |
|---|---|
| Rawlins | "罗林斯"号 |
| William Ross Postell | 威廉·罗斯·波斯特尔 |
| Richard Cobden | "理查德·科布登"号 |
| Wanderer | "漫游者"号 |
| Thomas Barrett | 托马斯·巴雷特 |
| Vigo | "比戈"号 |
| Nashville | 纳什维尔 |
| William Roundtree | 威廉·朗德特里 |
| James G.Baylis | 詹姆斯·G. 贝利斯 |
| Port Jefferson | 杰斐逊港 |
| Thomas Hawkins | 托马斯·霍金斯 |
| Raphael Semmes | 拉斐尔·塞姆斯 |
| Trinidad | 特立尼达岛 |
| Egbert Farnham | 埃格伯特·法纳姆 |
| Walker | 沃克 |
| St.Helena | 圣海伦娜岛 |
| Congo River | 刚果河 |
| Medusa | "美杜沙"号 |
| Columbus | 哥伦布市 |
| Richard Dickerson | 理查德·迪克森 |
| Benjamin Davis | 本杰明·戴维斯 |
| *Sun* | 《太阳报》 |
| Brunswick | 不伦瑞克 |
| neighborhood of St.Andrews Sond | 圣安德鲁斯·桑德居住区 |
| Saltilla River | 萨尔蒂拉河 |
| Jekyl Island | 耶基尔岛 |
| Great Ogeechee | 大奥吉河 |
| Dr.Hazlehurst | 黑兹尔赫斯特医生 |
| Governor Phiniz | 菲尼兹州长 |
| Blakely | 布莱克利市 |
| Club and Harris | 克拉布和哈里斯 |
| Frazier | 弗雷泽 |
| Henry Wilson | 亨利·威尔逊 |
| King Dahominey | 达荷美王国的国王 |
| Cumberland Islands | 坎伯兰岛 |
| Pensacola | 彭萨科拉 |
| Cape Henry | 亨利角 |
| Clotilde | "克洛蒂尔德"号 |
| Timothy Meagher | 蒂莫西·马尔 |
| Mobile River | 莫比尔河 |
| Joseph Thomas Murray | 约瑟夫·托马斯·默里 |

## 专有名词英汉对照

| | |
|---|---|
| Stephen A. Douglas | 史蒂芬·A. 道格拉斯 |
| Caleb B. Smith | 卡莱布·B. 史密斯 |
| *De Bow's* | 《德鲍评论》 |
| Spratt | 斯普拉特 |
| William Lowndes Yancey | 威廉·朗兹·燕西 |
| Vicksburg | 维克斯堡 |
| Alexander Stephens | 亚力山大·斯蒂芬斯 |
| Jefferson Davis | 杰斐逊·戴维斯 |
| Rio Grande | 格兰德河 |
| Nathan Hale | 内森·黑尔 |
| Cora | "科拉"号 |
| William H. Seward | 威廉·H. 西沃德 |
| Richard Lyons | 理查德·里昂 |
| George Howe | 乔治·豪 |
| Appleton Oaksmith | 阿普尔顿·奥克史密斯 |